もしもゾンビになったら

ゾンビの作法

ジョン・オースティン 著
兼光ダニエル真 訳

太田出版

ゾンビの作法

あなたのお名前 [　　　　　　　　　　]

ここに手形*を押しつけましょう

*あなたの手形です。喰らった獲物の手形ではありません。

CONTENTS

序

脳味噌満喫ライフを目指して

INTRODUCTION
THE ROAD TO BRAINVILLE

ゾンビでない者がこの本を読むのを禁ずる

［本書はゾンビオンリーです］

何世紀もの間、人類はゾンビに対して、不器用にあてもなく生者の世界を徘徊し、貪欲に人間の脳を欲して狩りを行う存在であるという、陳腐な固定概念を抱いてきました。感染した血を体内からしたたらせ、人を虐殺し、喰い散らし、ただひたすらその数を増やしていく——自らの栄養源である人間を絶滅へと追いやろうとする存在……。

だいたいそんなところです。我らゾンビは同等の年齢・体型・性別の生者に比べると行動が荒っぽく、頭の回転が遅いのです。そのかわり我々は人間とは異なる、かなり有利な特徴をそなえています。我々は痛みをまったく感じませんが、人間はちょっとした怪我でも苦しみ悶えます。我々は感情などかけらも持ち合わせていませんが、人間は尊厳や欲望に振り回され、資源・政治主張・配偶者確保をめぐって永遠に争いを繰り広げます。

人間は種族の存続と生存のために果敢に戦うので、ゾンビの群れが平和的に人間を喰い物にするのをよしとしません。ほとんどの人間は逃げ出すかどこかに隠れてしまい、都合よくその場で倒れこんでくれるのは極々少数です。中には死ぬまで戦い続ける輩もおり、我々ゾンビにとって大きな脅威となります。我々の日常的な襲い喰いという営みも、一瞬にして危険な事態に発展し、四肢のいずれかが欠損させられたり、首を飛ばされかねません。どちらにせよ、あなたの穢《けが》れた肉体が被害をこうむると、今後の喰い散らし活動に支障をきたし、そのまま第二の終焉を迎える可能性すらあります。

近年、ゾンビ発生事件への対応策を満載したサバイバル解説書がおぞましいほど出版され、人類のレジスタンスはかなり増強されてきました。逆にあなたのような脳味噌グルメに向けた狩りや戦闘、そして食事の作法を解説する本はほぼ皆無です。このため、この世に人間が満ちあふれていますし、さらにいうと、ゾンビとして第二の人生を歩みはじめた我が同輩の5人のうち2人が蘇生の48時間以降に活動できなくなってしまう理由もここにあります。

本書『ゾンビの作法』はこの不均衡の是正を目的とした書物です。この本に含まれる知恵と情報は、数百年の間に蓄積された血文字の情報をもとに、現代の死人向けに内容を改訂したものです。

蘇ったばかりの死霊たるあなたのために選び抜かれた情報をうまく吸収することで、容赦なき生者どもの抵抗を無力化し、蘇生後の活動期間を飛躍的に延ばすことができるでしょう。この本を食べたりせず、記載された教訓をきちんと活用することができれば、あなたは生者にとって畏怖すべき脅威となり、連中を楽々と制することができます。

ゾンビになれば誰もがわかることですが、学習するということは、生き地獄、否、死に地獄そのものです。しかし、少しでもゾンビとしてサバイヴするためには、限られた思考力を集中させ、残り少なくなった器用さを駆使しなければいけません。腐敗するあなたの脳味噌への負担をなるべく抑えるため、本書の提供する情報は、生者とやりとりする上で必要不可欠な事柄にしぼりました。

『ゾンビの作法』を通してあなたは：

- **腐臭放つあなたの新しいからだの特徴を学びます。**
- **酸素消費者《ヒューマン》どもの抵抗の傾向と対策を学びます。**
- **人を襲う、もっとも効果的な方法を学びます。**
- **追いこまれたブリーザー《人間》の攻撃に対してどうやって身を守るかを学びます。**
- **人肉食主義者として歩む上で必要な栄養学を学びます。**
- **先人の知恵をもとに、ゾンビウィルスの効果的な撒き散らし方について学びます。**

☣生者の世界を渡り歩く上で対処すべき、さまざまな予備知識を学びます。

☣終末の時が迫った際、有効な対策を立てられるようになります。

この本を食べたりせず、正しく運用することさえ気をつけていれば、あなたは人間に対して優位に立ち振る舞うことができるでしょう——たとえ両足が欠損していても。亡者の群れからの脱落者を減らせば、あなたやその他大勢のアンデッドの皆さんで、人類の文明の滅亡へと大きく貢献できるようになります。チームワークが大事なことをよくおぼえておきましょう。ひとりのゾンビの成功はゾンビの大群の成功へとつながり、その逆もまた然りです。

かいつまんで申し上げますと、本書はあなたに、積極的《アグレッシブ》な脳髄喰いだおれライフを今後数年にわたって楽しむための基礎を提供します。

ゾンビ確認

アンデッドの一員になる過程はやや面喰らう体験だったでしょう。でもあなたの混乱など、ゾンビ・パンデミックの際に翻弄される生者に比べればかわいいものです。しかしここで念のために、本当にあなたがゾンビなのかどうかをはっきりさせておきましょう。もしかしたら、ゾンビになっていると思いこんでいるだけかもしれません。少しでも疑いがある場合は、次の自己診断リストに目を通して自分に当てはまる項目にチェックを入れましょう。

✳見てくれがひどい

巷の流行など気にしなくなりましたか? 以前から疎いタイプでしたら、前よりもっと気にしなくなったかどうか確認しましょう。あなたが身にまとう衣服は衣服というより、こびりつく布切れ状態でしょうか? ゾンビになってしまうと、息を引き取った段階で着ていた服のまま、これからずーっとゾンビ人生を歩みます。あまり窮屈ではない恰好だと良いのですが。

✳不眠症になっている

数日間一睡もしていないのにまだ普通に活動していますか? 人間にとって夜きちんと寝ることが身体能力の劣化を防ぐのに重要であることは立証されていますが、ゾンビとなったあなたは残念ながらその恩恵を今後二度と享受できなくなりました。

✳動き回るのが大変になった

運動神経がおかしくなり、今やゆっくりヨロヨロ歩くことしかできなくなりましたか? ゾンビはからだをビクつかせたり、けいれんさせたりするのも珍しくありません。

✳他人との対話が困難

ほとんどのゾンビは喋ることができません。無口になったことを気にしないようにしましょう。唸ったり呻いたりするのが関の山ですが、肺を失ってしまっている場合は一切の発声が不可能になります。

✷皮膚が腐敗しはじめている

ゾンビの皮膚は有害で、接触した者にゾンビウィルスを感染させられるようになっていきますが、死後の人生歩みたての段階では、皮膚にいわゆる「ヒト食いバクテリア」や寄生虫が繁殖する可能性があります。しかしながら、心配いりません。感染した細胞がこれらの寄生生物を速やかに全部追い出してしまうはずです。

✷感情という名の重荷をすべて捨て去った

善悪の観念を失っていませんか? 最高ですね。今後色々と奇妙な行動をとったり情念がおかしくなったりしますが、本当の変化はまだまだこれからです。

✷物忘れがひどい

ひどいどころか、記憶が完全に欠落していませんか? 思い出など頭からきれいさっぱりなくなっている状態でも、なぜか親近感を感じる特定の場所に引き寄せられたり、特定の行動を繰り返したりするかもしれませんが、それは記憶の類ではないので気にしないでください。新たに蘇ったアンデッドは直感的に特定のフェロモンに引き寄せられたり、からだがおぼえている行動を繰り返したりすることがあります。

✷頭以外が撃たれてもまったく問題無い

銃弾でたじろぐことはあっても、あなたのからだは着弾にあまり影響されないはずです。ただし、頭部への直撃だけは避けましょう。

✱人間の脳に飢えている

ピザやパスタをいくら食べても、まったく腹の足しにならなくなっていますか? 困ったことに、ゾンビにとって普通の人間の食べ物はまるで段ボールのような味しかしません。生前は菜食主義者だったあなたも、今や立派な肉食系へと生まれ変わりました。

✱最近死んだ

大事なことなのでよく確認しましょう。死んだら終わり、と教わったはずなのにヘンですね。生者の知識は不完全ですから、この本を読んでしっかり学習しましょう。

　上記リストに一部しか該当しない方で、最後の項目にも当てはまらない方はまだ存命で、感染もしていないかもしれません。ただちにこの本を読むのをやめて、ちゃんとしたプロの診断を受けましょう。しかし上記にすべて該当する、またはほとんど該当する場合、あなたは確実にゾンビです!

　さて、ゾンビとなったわけです。これからどうするべきか。意外ではありますが、アンデッドにも死後の人生をどう全《まっと》うするか選ぶことができます。もっとも、選択肢はやや限られていますが。

1. ゾンビ自殺 お手軽に残り少ない脳機能を破壊してすべてを終わらせるには、217ページに記載された「ゾンビ自殺《サイド》」を参照ください。しかしこの道を選んでしまうと、気にくわない上司をスナックとして食べることができなくなってしまうなど、多くの素晴らしい機会をふいにしてしまうのでおすすめできません。

2. ひとりで徘徊 本書の内容を面倒だと決めつけ、今まで以上に性根の腐った行動を選ぶこともできます。その場合、場当たり的に行動し、やがて生者に首切りされるまでひとりで延々と新鮮な脳を追い求める存在となります。

3. ゾンビとしての運命を受け入れる この本から少しでも有益な情報をとりこみ、ゾンビ一丸となって人類に対する共同戦線を張り、目指すはアンデッド一斉蜂起、黙示録、末法……なんでもいいです。望むべき最終的な結果は皆同じなのですから!

ここで「さあああんばあああああんめえええええ」と呻いてくださった皆様、誠にありがとうございます。我々もヨダレなどの体液を垂らし、仲間の参加への喜びを表明したいと思います。邪悪な教養を身につけ、新たな同志として、一丸となってヨロヨロと前進しましょう。

保安条項

この本の中身を舌舐めずりしながら吟味していただいている亡者の皆さんに、ひとつだけ絶対に遵守してもらわなくてはいけないことがあります。本書を絶対に生者どもに入手させてはいけません! 人類はゾンビに関する多くの伝承や自称「専門家」によるサバイバルガイドなどを持っていますが、これらは誤っていたり、非常に時代遅れかつ不完全な情報であるのがほとんどです。本書はゾンビがゾンビのために作成した資料ですから、酸素消費者の手に落ちると非常に危険な事態へと発展する可能性があります。人類には今までどおり、時代錯誤な間違いまみれの記述を盲目的に信じこませたままにしておきましょう。

この本を生者から守るため、あなたのからだの開いているところに押し込みましょう。たとえあなたが殺されても、人間どもはあなたのからだと共に、本書に記載された貴重な情報を処分してくれるはずです。ゾンビを扱いなれていない人間はゾンビウィルスによる感染を怖がるあまり、けっして我々の体内を探ったり解剖したりしないでしょう。

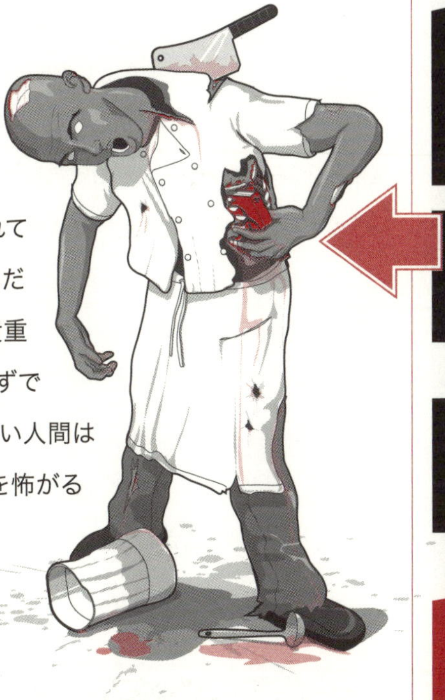

ゾンビ免責条項

本書の作成に際して非常に尊い犠牲が払われてきています。何千というゾンビが自らの第二の人生を棒に振って、献身的にこの本の作成に従事したのです。しかしながら本書の執筆に携わったゾンビの知性レベルは、かなり疑わしいというのは否めません。限定されたIQの集積である本書の知恵と知識の一部は誤りを含んだり、情報が完全ではないかもしれません。本書で提示されている原則を実際に活用しても、あなたとあなたの群れの安全を保証するものではありません。

本書からどの程度まで有効な情報をとりこめるかは、あなたの脳の腐敗の程度に直接関係します。蘇ったばかりの亡者ほど学習能力が高いという傾向はこれまで確認されていますが、まれにかなり腐敗の進んだアンデッドでもそれなりの知識を運用できることもあるようです。

最後に本書の文章や図版はかなりえげつない描写を含むため、あなたの食欲を強く刺激する可能性があるということを警告させていただきます。

同志ゾンビ 拝

第1章
ワタシは誰？

chapter 1
WHAT THE HELL AM I?

おめでとうございます! この大事なゾンビ誕死日を忘れないようにしましょう。……無理でしょうけど。ともかくあなたはゾンビになりました! あなたは元人間連盟の新入りかつ邪悪な徒党の一員となりました。たったひとつの目的のために全能力がとぎすまされたクリーチャーになったのです。目的とはもちろん生者を貪り喰らうこと、それだけです。あなたの体内に巣喰うゾンビウィルスはあなたのからだを借用して——まあ借りるといっても、誰も「借りたティッシュ」を返さないようにウィルスもあなたを手放しませんが——人体の無駄な機能をすべて停止させ、再びあなたを蘇らせました。ウィルスは強烈な置き土産を残しています——人間の理《ことわり》ではまったく説明できないような「飢え」です。具体的に数えたわけではないのですが、約500億の脳の汚された神経細胞《ニューロン》によってあなたのからだは制御されており、ひたすら狩って、戦って、喰らうことしかノウがありません。

別名ゾンビ化ともいわれる変貌プロセス以前、高度に発達したあなたの神経細胞は問題を解決する力や言語を扱う力、情報を記憶する力、そして変態的な思考にふける力を保持していました。しかし感染した段階で、「ものすごい」脳内生理現象によって、これらの能力はすべて溶解してしまいました。はい、残念ながらエッチなことを考え

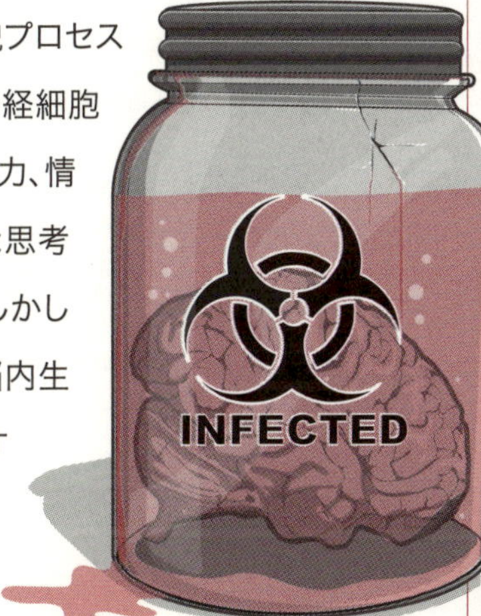

る力も、です。あなたが我々の徒党に加わった記憶がない理由はまさに、このウィルス性痴呆症が原因なのです!

情報処理能力の変貌によって、あなたの武器を使う能力、共同で狩猟する能力、人間を追いまわすのに便利なコミュニケーション能力は大きな被害を受けています。代わりに叫ぶ、ヨダレを垂らす、ふらつくなどゾンビ特有のスキルを発揮できるようになりました。これらの特殊能力は役立つものもあれば、あまり役に立たないものもあります。

ゾンビウィルスが体内に侵入してしまうと後戻りできません。完全な不治の病ですから、闇の眷属《アーミー・オブ・ダークネス》の一員から追い出される心配はありません。ただし、あなたがチームワークを発揮するには自らの肉体の腐敗を遅らせる必要があるため、絶えず未感染の新鮮な人肉を食べ続けなければいけません。

幸い、おいしい獲物を仕留めるのに必要な武器をあなたはそなえています。変貌した脳細胞はたどたどしくも、なんとかからだ全体を使った運動能力(歩く、手を伸ばす、襲いかかるなど)を保っています。本能に導かれるまま、ある程度は環境に対応することが可能です。しかし、強化されたゾンビ感覚の助けを借りれば、このようなお粗末な運動スキルでも充分に生者を追跡し、食事にありつくことができます。

あなたは痛覚を失っており、肉体にかなりの損傷が生じても活動を続けることができます。体肢のひとつやふたつ、大きな内臓を失ったとしても、へっちゃらです。首を切り落とされる・重大な外傷を伴う頭部への衝撃・延焼・頭蓋骨への貫通など、脳髄から切り離されない限りどのような状況でもあなたの肉体は動き続けます。

全部吸収するには時間がかかりますが、ここで提示された情報は今後も、何度も何度も死に体に鞭を打つがごとく反芻しますので、意識が混濁していても大丈夫です。

社会責任など振り払おう!

あなたはすべての呪縛から解き放たれたのです。生前、世界は人類が口にする「セキニン」というもので満ちていました。絶えず周囲の目を気にしなくてはいけない状態でしたが、ゾンビとなった今、これらのしがらみに束縛されることはありません。我々ゾンビの世界の中では、「秀才」とか「レベルの高い生活」は悪しき慣習として忌み嫌われています。ゾンビ規範にも次のようにあります。「ゾンビはけっして人の法に従ってはならぬ。従ったモノは斬首の刑に処す」(詳しくは219ページに書かれた「ゾンビ規範」をご参照ください)。責任なんてカンケーねえってわけです。

具体的な例をいくつか用意しました。下記のリストはゾンビウィルスのおかげで振り払うことのできるしがらみの極々一部です。

税金 あなたは政府に追いまわされることになるかもしれませんが、それは確定申告を忘れたからではありませんからご心配なく。

税務署職員さん、来るなら来てみやがれということです。年金制度の存続危機とかいわれても、今のあなたは人類社会の存続危機を早めることしか眼中にありません。

就業 前世においてほとんどのゾンビは人間の尊厳を傷つけるようなデスクワークを強要され、悪辣な上司の絶えがたい拷問に甘んじてきました。早期退職したと思いましょう。文字や数字と格闘する日々は終わったのです。これからは率先してことを荒立てましょう。「空気を読む」とかもう関係ありません。

貯蓄 生前のあなたは「お金」というものに振り回され、働いて入手した「お金」を欲しい贅沢品(高級スポーツカーなど)につぎこむか、老後の貯蓄に振り分けるかで延々と悩んでいましたが、今となっては、こんな葛藤はすべて忘却の彼方へと吹き飛んでいることでしょう。ゾンビになる運命を鑑みると、「買わなくて後悔するより買って後悔しろ」の方が賢明だったかもしれません。

ダイエット 「炭水化物フリー」や「カロリーオフ」など、気にする必要は完全になくなりました。これからは脳天メインでタンパク質オンリーです。カロリーは多ければ多いほど良いので、ためらうことはありません。

衛生管理 エチケットや身だしなみよりも、生者の骨身のエキスをたしなむのが重要です。毎日の美容などしなくても、まだまだ人の関心を集められます。どこぞの通りをよろめき歩くだけで、有名ロックスターが出現した時のように群集をパニックにおとしいれることができます。

睡眠 完徹パーティタイムの到来です! ゾンビは睡眠を必要としませんので、日が昇っていようが落ちていようが、我々の狩りは永遠に続きます。

ネット上の社交 人間だった頃、得体の知れない輩からのフレンド登録のリクエストやネットストーキングなどに辟易されていたことでしょう。これからはあなたが連中を追いまわす番です。

交際 ゾンビは親密な人間関係の構築が苦手です。我々は相手からの優しい動作を攻撃と誤解し、反撃してしまうことがよくあります。ただ、悪いことばかりではありません。記念日にあわせて花を買ったり、なんとかデーにあわせて色々準備したりする必要がなくなりました。広告代理店の皆様、ざまあみろといったところです。

ゾンビ史

悠久からよろめきさまよい歩く先祖同様、あなたもまた尻から排泄物を垂れ流しながら未来に向かって進まなくてはいけません。常日頃、地面に倒れこまないように気をつけるだけでいっぱいいっぱいのあなたにとって、我々の薄気味悪い過去などに関心はないでしょう。しかしそんな不健全な姿勢はいけません。

からだの姿勢じゃなくて、態度の話です。

人間社会の滅亡という理想に対して、我々アンデッドの試みはあまり成功を収めていません。これを繰り返さないためにも、我々は過去から教訓を引き出さなければならないのです。わずらわしいディテールをはぶいた、もっとも重要な骨子を説明しましょう。そこ！ ウザイからといって自分の尺骨《しゃっこつ》をかじってはいけません。

[先史時代のゾンビ]

ゾモ・サピエンスが西アフリカにヨロヨロしながら登場したのは約20万年前で、これは現代人ホモ・サピエンスとほぼ同じ時期です。奇妙な偶然ですね。発掘された遺跡から推察すると、この当時のブリーザーと死人には共通点が数多くあった模様です。両者ともコミュニケーションがつたなく、衛生概念が欠落しており、時折共喰い行為に及んでいたと推測されています。

古代のアンデッドは独自の文化を持っていませんでしたが、原始的な共同体生活は可能で、「ホード」(大群)、「モブ」(暴徒)、「ゾンビ・ウォーク」などの団体行動により、すばしっこい獲物を追いこんでいきました。人間の数が少なかった当時、ゾンビの大半は極端な腐敗状態に陥りやすく、常にその存在が脅かされていました。群れた初期ゾモ・サピエンスは、行方をくらました生者の居場所を見つけるのに、最近蘇ったばかりのゾンビの嗅覚に大きく依存していました。獲物が発見されれば、新米ゾンビの叫びや呻きがよどんだ空気を切り裂き、呼び集められた飢えた集団は混乱した人間へと迫ります。生肉は必ず全員で分かちあわなければなりません。

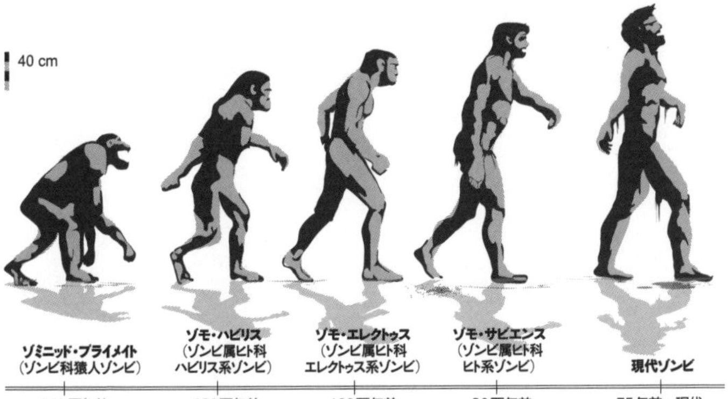

ゾモ・サピエンスはその存在が絶えず脅威にさらされていただけにとどまらず、体内に巣喰っていた古代ゾンビウィルスも現代の基準からするとあまり強力ではありませんでした。これらの理由から我々のもっとも古い祖先は、極々一部の人間しか仲間に引き入れることができなかったのです。

しかしやがてゾモ・サピエンス、ホモ・サピエンス両方の人口が増えはじめ、両者が平和的に共存することが難しくなります。ゾンビウィルスに感染していない人間は鈍器を含む石器の発明にとどまらず、意味不明な暴力的姿勢を積極的に発揮しはじめます。武装し脅威となったブリーザーたちはひたすら快楽のためにゾンビを狩るようになりますが、この残虐な行いこそ後の人類の血まみれの歴史を予見するようなものです。

この種族殺戮《ジェノサイド》に対して、ゾンビは進化を余儀なくされ、生体機能を維持するためだけに喰うのではなく、絶えず人間の脳を渇望するようになりました。このほかにも環境に適応するため、次のような身体的変化が発生しました。アドレナリン分泌の増加、喉頭《こうとう》及び舌骨《ぜっこつ》の位置の変更で向上した射出嘔吐能力、などです。

約150万年前の中期旧石器時代からは、攻撃性の増大を強制されたゾンビによる襲撃行為が増加します。我々の祖先が夜間狩猟を試みたところ、ブリーザーを見つけるのに暗闇が適しているだけでなく、生者の視力が制限され、自己防衛能力が弱まることが発見されたのです。やがて世界人口は生者4000名とゾンビ400名となり、人類は滅亡の危機に瀕しました。しかし残念ながら古代ゾンビにはこれを成し遂げるだけの野心がなかったのです。現代にいたっても我々の同志の多くは、最後まで何かを成し遂げようとする意欲に欠けている傾向が目立ちます。

対するブリーザーたちは、自らの存続をより磐石にしようと、即座に行動をとりました。約4万年前から、ゾンビが跋扈《ばっこ》する地域からの移動を開始したのです。狩猟用の槍と食料をたずさえ、彼らは3種類のグループに分かれてそれぞれの方向へと移住をはじめ、アフリカからの脱出を開始。ハラペコでイラついた状態の我が

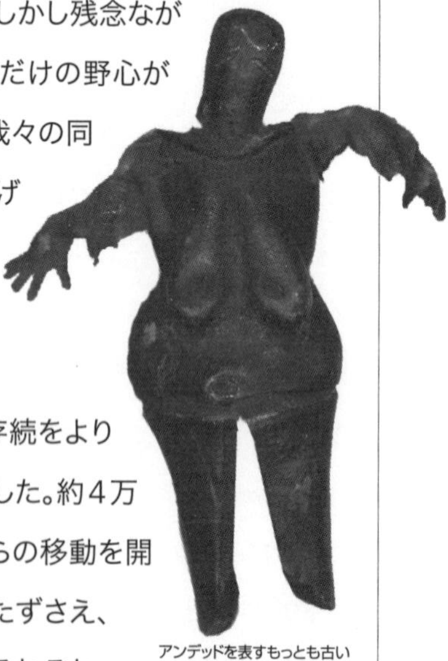

アンデッドを表すもっとも古い表現物のひとつとして知られる「ドルニ・ヴィエストニッツェのゾンビ」小像。チェコ共和国で出土したこの歩く死人の小像は約2万8,000年前のものとされている。

祖先がこれを追跡し、脱落した弱者どもを貪りました。

最初の人間の一族は北へと向かいました。ナイル川沿いを北上した後、アジア南部へと移り住んだのです。我らの群れがこの生者の集団を追いますが、食事のトロさが祟り、やがてどんどんおいてけぼりにされていきます。人間は我が祖先を振り切ってしまい、このゾンビの一群の行く末については現在まで不明のままです。

第二の生者の集団は紅海をわたりました。当時の紅海の水位は現在に比べると70メートルも低かったのです。その後、人類はそのまま東へと伝い、現在のインド沿岸部までたどりつきました。この集団を追随していたゾンビはやがて北方アジアのベーリング地峡まで人間を追いこみます。当時、ベーリング地峡はアジアと現代の北米大陸を結んでいました。残念ながら追跡者たちは、ツンドラの上を数千キロも歩むことに適応しておらず、氷点下の温度でからだは使い物にならなくなり、極寒の地で帰らぬ死人となってしまいました(詳しくは108ページに記載した「寒冷地帯」をご参照ください)。あくまでもこれは推測ですが、恐らく人間どもはベーリング地峡越えを成し遂げ、そのまま北アメリカへの長旅に成功した模様です。

第三の人間集団が南へと向かった時、我々の祖先ははじめて、素晴らしいごちそうたる勝利を獲得しました。この生者どもはこともあろうに、沿岸部でどん詰まりとなるアフリカ南部へと移動をはじめたのです。追跡するゾンビの群れはすぐにその数を増大させ、人類

アフリカからの脱出

4万年前

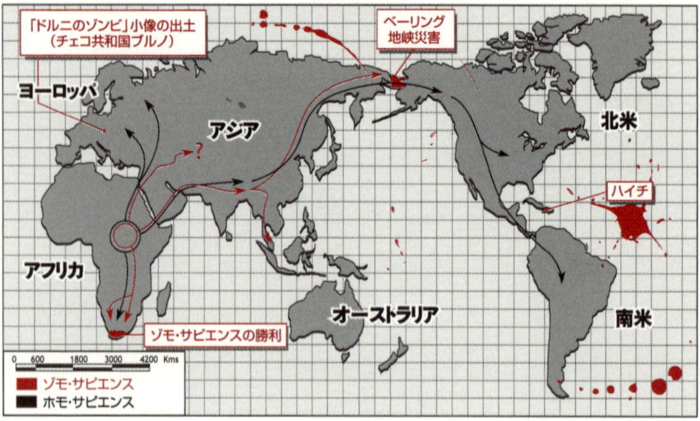

を圧倒しました。彼らは絶滅へと追いこまれたのです。まさに完全勝利でした。

　これらの民族大移動をもってゾンビウィルスは全世界へと撒き散らされました。いつでもどこでもゾンビ疫病が発生する土壌が整ったのです。

[ゾンビ名称]

「永久《とこしえ》の名称なる真言、誠に素晴らしき哉《かな》」。人類はそれこそ数千世紀にわたって不死の民の脅威に怯え、押し殺した声で警告を口伝してきましたが、我々に独自の名称を与えるまでに認知が広まったのは比較的最近です。その名称こそ「ゾンビ」です。これは16世紀頃、中部及び西部アフリカから売り出された奴隷が作った名前です。大西洋をまたぐ奴隷貿易商人によってアフリカから拉致された部族の民は、新世界で色々な試練と対峙します。我々の騒がしい存在も脅威のひとつでした。

綿・コーヒー・タバコ栽培に従事させられ、何時間もの重労働で疲弊した奴隷たちはアンデッドにとって格好の餌食。漆黒のベールに包まれたカリブ海で、我らの祖先は秘密裏に奴隷を喰らい続けました。奴隷の拷問は日常茶飯事だったので、彼らの叫び声など誰も気にとめなかったのです。こうして我々の夜の狩りは誰にも邪魔されることなく続いていたのですが、ある晩誰かがうっかりミスをしてしまいました。

どうもアンデッドの人肉喰いだおれ祭を目撃した奴隷のひとりが生き延びたらしいのです。秘密が知れわたり、奴隷たちは自己防衛のために農具を即席の武器として持ち歩き、集団で行動するようになりました。奴隷たちは西部及び中央アフリカからの出身が多く、複数の異なる言語を操る集団でした。アンゴラ出身のキンブンド語を喋る人間は我々のことをnzumbe(ヌズンベ)またはnzambi(ヌザンビ)すなわち「死んだ人間の霊」と呼びました。コンゴ出身の人間はバントゥー語で我々を「幽霊」または「死人の魂」を意味するzondi(ゾンディ)と呼びました。異国へと追いやられた人々が、これらの単語を融合させ、我々のことをzombie(ゾンビ)と呼ぶようになったのです。ゾンビという単語が英語の一部としてはじめて活用されたのが1871年でした。

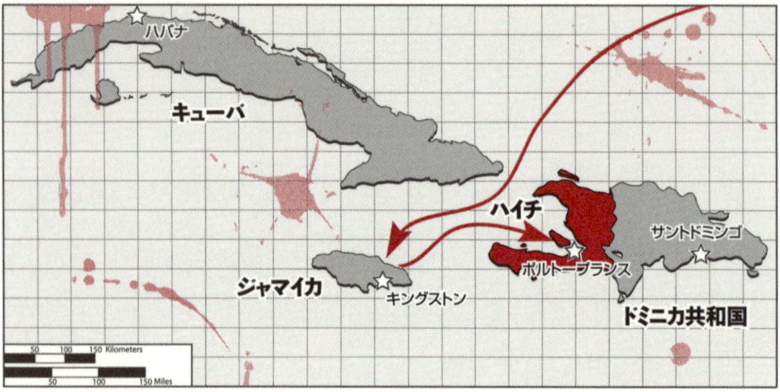

zbumbe（ヌズンベ）＋ **zondi**（ゾンディ）＝ **zombie**（ゾンビ）

奴隷所有者たちは当初、奴隷の間でささやかれていた襲撃者の話を、彼らのブードゥー教の産物であり、単なる迷信と思いこんでいました。我々の襲撃を動物によるものだと誤解したのです。元来ハイチに大型の肉食動物はいません。最初はワニやイグアナなどが疑われましたが、すぐにいわれのない濡れ衣と判明してしまいます。なおも奴隷の死体が数多く発見されるようになり、こともあろうに、現場に我々のヨロヨロ歩きの足跡が残っていたのです。奴隷所有者は死人による襲撃は迷信などではなく事実であると認識を改めますが、これをなんとブードゥー教の産物だと決めつけてしまいます。彼らはブードゥー教の信仰を禁止し、カトリックへの改宗を強制、ブードゥー教の司祭や巫女に対して魔術を扱っていると糾弾しますが、襲撃事件は一向にやみません。そしてブードゥー教がゾンビ襲撃とまったく関係ないことを知っている奴隷たちは、自らの文化を守り通すために秘密裏に信仰を続けま

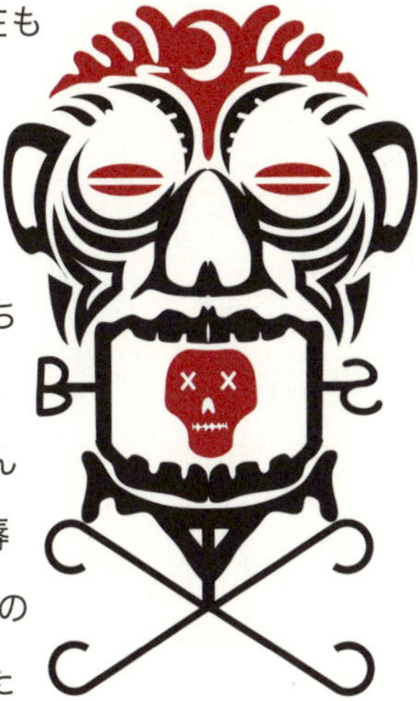

した。こういった歴史も手伝い、現在も我々ゾンビはブードゥー教と結びつけられることが多いのです。

もちろん我々の実態について奴隷たちの認識もまた、大変な誤りを含んでいました。我々のことをとるに足りない、死んだ人間どもの霊魂と思いこむなど侮辱そのものです! ブリーザーどもが我々の恐るべき生態をより的確に把握できたのは20世紀中盤で、ここではじめて新しい定義であり、独自の意味合いを持つ単語としてゾンビを用いるようになりました。「生者を喰い物にする生ける死体」のことです。それが我々ソンビなのです!

その他のゾンビ名称

腐ったチームワークを用いて、我々は人類による我々ゾンビの呼び名のリストを作ることに成功しました。

banshees［バンシー］	carriers［保菌者］
biters［噛む人］	chompers［バクバクさん］
bloodeaters［血喰らい］	crawlers［這う人］
brain-eaters［脳喰らい］	creepers［キモ人］
brainless［のうなし］	the damned［ザ・ダムド(呪われし者)］
the Brainy Bunch［ゆかいなブレイン大好き一家］	deadheads［デッドヘッド(頭の稼動が停止した者、あるいは死んだことに固着する者)］

the decomposed［腐敗者］	the restless dead［安眠なき死者］
decomps［フーちゃん］	the risen［復活した者］
drifters［放浪者］	the rising［復活する人］
the evil dead［邪悪な死者］	Romero types［ロメロ系］
flesh-eaters［肉喰らい］	the rotted［腐った民］
ghouls［グール（悪鬼）］	rotters［腐り人］
the grave dead［墓場死人］	revenants［レヴァナント（復活者、戻った人、幽霊）］
greenies［緑の人］	
the half-rotten［腐りかけ］	Satan's soldiers［サタンの兵士］
hulks［ハルク（大男）］	screamers［叫ぶ者たち］
immolators［イモレーター（人身御供のために殺す人、捧げ物をする人）］	shamblers［よろめく人たち］
	shufflers［ガサゴソする人たち］
the infected［感染者］	shuffling dead［ガサコソする死人］
the living dead［生ける死人］	siafu［シアフ、一種のグンタイアリ。］
jujus［ジュジュ（アフリカ土着のチャームなどの霊的能力があるとされる物体）］	souless body［魂なきからだ］
	specters［スペクター（闇の投影、亡霊、悪霊）］
mindless drones［思考の欠如したドローン。（「下っ端」「無能な存在」「雑魚」）］	stenches［悪臭］
	stenchers［悪臭放つ者達］
moaners［わめく人］	stiffs［（死後硬直の）死体。侮蔑語。］
mutants［突然変異発症者、ミュータント］	stumblers［不器用者］
ndzumbi［ヌドズンビ］	toxic avengers［有害な復讐者、別名「悪のどくどくモンスター」。］
nzambe［ヌザンビ］	
nzumbe［ヌズンビ］	toxic Zs［有害なゼの字の人］
parahumans［パラニューマン（亜人、超常人）］	the undead［アンデッド］
	the undying［死なぬ人］
plague carriers［疫病運び］	walkers［歩む人］
post-lifers［死後人］	the walking dead［歩く死人］
the reanimated［蘇り人］	walking corpses［歩く死体］
red-eyes［赤目］	Zacks［ザック（ゾンビの略称の亜種）］

zambi［ザンビ］	zumbi［ズンビ］
zed-heads［ゼッドヘッド（ゾンビの略称の亜種）］	
zeds［ゼッド（ゾンビの略称）］	
zeros［ゼロ（ゾンビの略称の亜種）］	
zom-bustibles［ゾム・バスティブル。揮発性発火物（combustibles）にかけた呼称。］	
zombi［ゾンビ。綴りの亜種。］	
the zombified［ゾンビ化された者］	
Zombo sapiens［ゾモ・サピエンス（ゾンビ属ヒト科ヒト系ゾンビ）］	
zombies［ゾンビ］	
Zs［ジーズ（ゾンビの略称の亜種）］	

*生者は絶え間なく我々に対して新しい呼び名を思いつきます。新しい名前を把握したら爾後の参考用に上の余白スペースに記入しましょう。

［現代ゾンビ］

ここ数十年、人類の大マヌケな科学者が知らず知らずのうちに、我らアンデッドの野望達成に大きく貢献しはじめています。今現在もゾンビウィルスの遺伝子組み替え実験などを繰り返し、さらに強力かつ伝染しやすいウィルスの開発を進めているのです。試験管の中の変種が誤って一般社会へと放たれれば、とめようのないゾンビ・パンデミックの発端へとつながるかもしれません。何世紀もの間、我々が欲してやまないシナリオの到来です。

　しかし現代ゾンビたるモノ、生者がそんな所業をうっかり行うのを、祈りつつ待つわけにはいきません。ゾンビの歴史を振り返れば明白ですが、我々はいついかなる時も予断なく、機会あらば襲撃を繰り返さなければいけないのです。人間は絶えず進化しています。武器は強化され、戦争や破壊の規模は大きくなる一方です。我々もこれに追随しなければいけません。ひとつ確実なことがあります——生者がいる限り、我々は休むことを許されません。

ゾンビ史における重要な事件

紀元前20万年前	ゾモ・サピエンス(ゾンビ属ヒト科ヒト系ゾンビ)の登場
紀元前4万年前	アフリカからの脱出、アンデッドの初の移民活動
紀元前2万2千年前	ベーリング地峡災害
紀元前9600年前	アトランティス滅亡に成功
紀元前3000年前	ストーンヘンジの戦い
紀元前480年前	テルモピュライの戦い
紀元前250年前	万里の長城の突破
717〜718年	ゾンビ第二次コンスタンチノープル攻防戦
1340年	欧州ゾンビ・パンデミック(別名 黒死病)
1527年	インカ帝国殲滅戦
1871年	シカゴ大火(「ゾンビとカンテラ」)
1888年	イースター島攻略戦
1920年	クロイツフェルト・ヤコブ病の突然変異(別名 狂牛病)
1925年	パーシー・ハリソン・フォーセット大佐、 失われた神秘の街「Z」を発見。直後に喰われる。
1941〜1944年	レニングラード・ゾンビ包囲戦
2009年	ゾンビ疫病、勃発に向けて第一段階へ (別名 豚インフルエンザの蔓延)

それは ゾンビですか?

さてアンデッドの伝統と歴史を知って、あなたも群れの仲間と親睦を深めたくなったでしょう。でもここでちょっと注意が必要です。まずはあなたと同じ運命と使命を共有しているゾンビと、人間のくせにゾンビのように立ち振る舞う連中を見分ける知識を学ばなければなりません。人間はゾンビウィルスだけでなく、さまざまな侵入者から自らのからだを守れないほど脆弱です。ゾンビのような臭いをしてゾンビのような身なりでも、本当にゾンビとは限らないのです! あなたの放浪の中で出くわすかもしれない非ゾンビについて次のリストをよく勉強しておきましょう。

泥酔状態の人間 ゾンビパニックが発生した直後、絶望的な状況からの現実逃避として、人間は過剰なアルコールや幻覚剤などの薬物を摂取することがあります。これら摂取行為によってゾンビ化と一部似た症状——平衡感覚の乱れ、言語障害、目の充血、突発的な行動——をひきおこします。

見極め方:口から煙を発することがある、液体の入った容器を持っている。

食べられますか?:まったく問題ありません。しゃっくりとか気にしないように。泥酔状態の人間は道ばたに寝ていたり、食べ物に固執したりする傾向があるため、獲物としては楽な部類に属します。さらに特典として、なかなかパンチの効いた味わいを楽しめるのも無視できません。

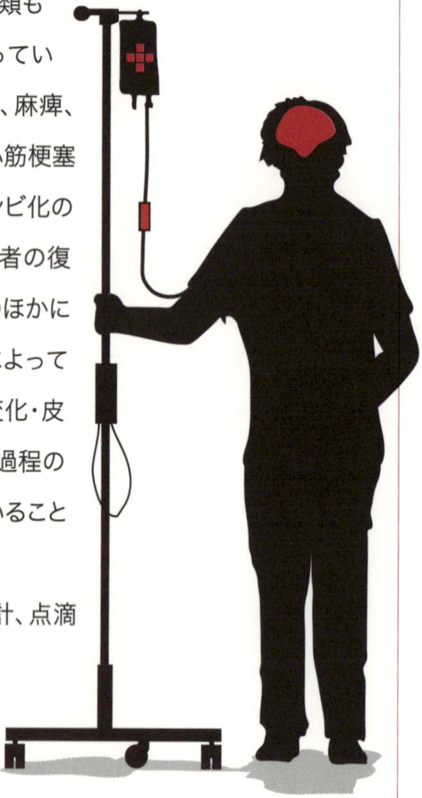

病人 人間は絶えず何千種類もの非ゾンビ系ウィルスと戦っています。これらの病原菌は発熱、麻痺、昏睡、そしてモノによっては心筋梗塞まで起こすのもあり、一見ゾンビ化の兆候と似ています。しかし死者の復活を起こしたりしません。このほかにもからだの一部の壊疽《えそ》などによって発せられる腐敗臭や色素の変化・皮膚の変色、嘔吐などゾンビ化過程の症状と似た症状を発症していることもあります。

見極め方：病院ベッド、体温計、点滴袋の有無。

食べられますか?：どうぞどうぞ。どんな病原菌もウィルスも、あなたの体内に巣喰っているものにはかないません。

精神錯乱者 一部の人間はゾンビ襲来に耐え切れなくなり、そのまま精神が崩壊する者もいます。ゾンビのように振る舞い、場合によっては未感染の人間に対して噛みつくといった行動を起こす場合があります。しかしどれほど彼らが感染していると思いこんでいても、実際にはこのような「裏切者たち」はゾンビ化を起こしていません。

見極め方：精神錯乱者のからだからは新鮮な人肉の匂いがします。ほかの人間によって拘束されていることもあります。

食べられますか?：問題ありません。コイツら裏切者の知能の程度がどうであれ、脳味噌の味は変わりません。

悪魔憑《つ》き 生きている人間はまれに悪魔に憑依されていることがあります。魔物は人間界に進入する入り口を確保するために、人間を宿主にしなければいけないのです。憑依された人間は、部分的にあるいは完全に悪魔の制御下にあり、ゾンビ的な行動や兆候を見せることがあります。

見極め方：汚らしい罵倒や侮蔑語を大量に発し、頭部をグルグルさせる。前者だ

けの場合はシロですが、後者も含まれている場合は明らかなクロです。

食べられますか?:ダメです。悪魔は頭が完全にイカレていますし、どのような行動を起こすかまったく予想できません。たとえ食べ物でも悪魔が関わっているものは避けましょう。

ナノマシン持ち 人類の科学者が意図的に極小サイズのロボットを人体に導入する可能性があります。人体の敏捷化または筋力強化など、人間は美容目的以外の改造をすることもありますし、特定の行動をするように仕向けるためにナノマシンを活用するのも考えられます。高度なナノマシンは、場合によっては宿主の死後も人体稼動を存続させることも可能です。たとえば次なる宿主を見つけるまで、とりあえず今の宿主を動かすという具合です。新たな宿主候補を見つけた場合、ゾンビウィルス感染者と同じように噛みつく可能性も否定できません。

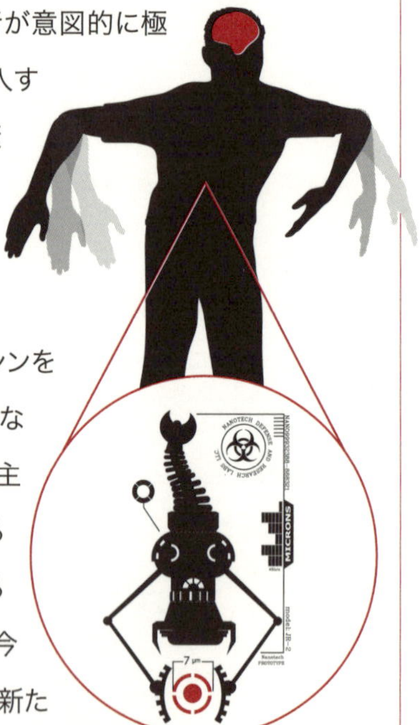

見極め方:我がアンデッドの動作は発作的で突発的な傾向が顕著ですが、ナノマシン持ちはロボットのように正確な動きをする傾向があります。彼らは喋ることができ、同じ発言を繰り返す傾向が確

認されています。

食べられますか?：まあ、大丈夫でしょう。人体に作用するナノマシンがゾンビを殺すように設計されているとは非常に考えにくいですから。

なりすましゾンビ 冗談のように聞こえますが、本当にいます。危険を察知して逃げる時や貧相な隠れ場所から移動する時、人間が我々の動きの真似をするのが目撃されています。いやぁ、泣けてきますね。

見極め方：なりすましは自分たちが生者であることを隠そうとしてローションや消臭剤、または異なる臭いを発する物質をからだに塗りたくるのがよく確認されていますが、我々ゾンビの嗅覚の前にはまったく意味がありません。

食べられますか?：もちろんです! コイツら「にわか」は是非とも喰い殺しましょう。理想的にはゆっくり苦しませながら! ここでワンポイントアドバイス。なりすましに接近した場合、噛みつく前にちょっと間を置きましょう。場合によってはなりすましの可否を周りの人間が見守っているかもしれません。少し辛抱すれば、同じような愚かな戦略を採用した人間がたくさん出現するかもしれません。

第2章
ゾンビのからだ

chapter 2
YOUR ZOMBIE BODY

医師の相談が必要ないのがゾンビ化です。ゾンビウィルスのおかげであなたのからだは素晴らしくアップグレードされています。弱々しい人間の時に比べると今のあなたのからだは確実な進化を遂げているでしょう。生前、あなたの人生はさまざまな脅威にさらされていました――不慮の事故、世の中に蔓延する危険な病、過剰なチーズバーガー摂取による心筋梗塞。

奇妙に思えるかもしれませんが、人の命を奪うゾンビウィルスのおかげで、あなたの地上での滞在期間は延長されたかもしれません。余命いくばくと診断されていたのであれば、ウィルスの感染は宝くじをあてたようなものです。さあ、ためらうことはありません。新しいからだを最大限有効に使いましょう。老い先への影響など気にする必要はありません。老いとかありませんから! これからどうやってあなたの使い捨てボディを活用するか、この章で説明します。

地元のゾンビ・ビンゴで
大穴をあてたおばさん

重要な身体部位

無駄に酸素を大量消費していた一昔前のあなたのからだは、多種多様にして複雑怪奇な構造を持ち、それぞれの器官は全体の保全のために独自にして必要不可欠な機能を担っていました。カッコよく聞こえますが、それは気のせいです。

よ――く考えてみましょう。そんなとんちんかんで煩雑な生体構造など、不死の世界では無用の長物です。ゾンビウィルスは生体機能の多くをかなぐり捨て、残った機能は原型をとどめないくらいにまで改変させています。ゾンビ化という職人芸の後に残った生体機能は、卓越した効率性を誇っています。生前より優れているといっても過言ではないでしょう。からだの筋肉全体から爪先ひとつまで、あなたの生ける死体《ゾンビ・ボディ》は人類滅亡を遂行するための武器で完全武装されています。

たとえばあなたの顎の筋肉はゾンビウィルスのおかげでより伸縮性が強化され、咀嚼力《そしゃくりょく》すなわち噛む力が大幅に増強されました。

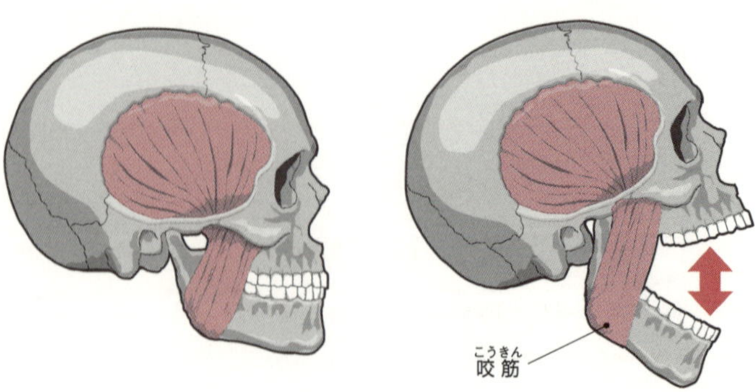

これで今まで歯切れの悪かった人間の生肉も、なんのことはありません。筋肉が大幅に伸びるようになり、今まで口に入れるのがはばかられるような部位も楽々入るようになりました。この能力は食べるためだけに使うようにしましょう。頭の飲みこみは悪くなったかもしれませんが、あなたの口と喉の飲みこみが早くなったのは保証します。

あなたのゾンビボディに欠かせない重要な部位についてのリストです。おいしそうと思っても自分のからだを食べないように気をつけましょう。

腕 あなたの胴体から突き出ている長いもので、頭に近い方にあります。食べ物を捕まえるのに使います。両腕が無事なアンデッドの方が、獲物の確保が楽になります。頭の回転が結構イケてるゾンビとなれば、武器を持ったり、人間が編み出した簡単な道具を操作したりすることも可能です。一部の珍しいゾンビウィルスに感染した場合、腕や脚がからだから切り離されても活動を続けられることもあり、これを「死律反応」といいます。

脚 乳房とか尻とか脚をめぐる生前の不毛な議論もなんのその。アンデッドにとって重要なのは「両脚をそなえていること」、それだけです。移動するのに必要不可欠ですが、ゾンビウィルスと腐敗の影響で脚の連携などの運動能力が、昔に比べると下がっているかもしれません。ゾンビ特有のヒョコヒョコ、ズルズルやヨロヨロ、フラフラする動作はこのせいです。新鮮なゾンビの両脚ほど機敏に動き回れますから、鮮度が落ちないうちに有効活用しましょう! ゾンビ新兵のもうひとつの特徴は、アドレナリン分泌による行動力上昇が平均的なゾンビよりも高いということで、1.5秒につき1歩という脅威のスピードでの歩行が可能となります。

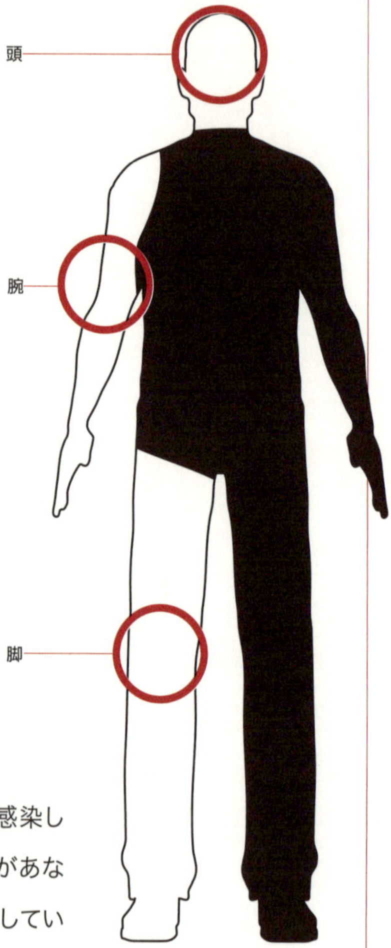

頭 大事なことなのでよ——くおぼえておかないといけないことがあります。ゾンビは頭がなければからだが動きません。あなたの頭部には感染した脳味噌が詰まっていて、これがあなたの死後の人生を可能なものとしています。頭蓋骨に重度の外傷を受けるとアンデッド・ライフはそれまでですから気をつけましょう。

もうひとつ大事なのがあなたの呻きデバイス、「口」です。便利な音源発生箇所であるだけでなく、ここが手にいれた人肉の挿入《エントリー》ポイントです。ほとんどのアンデッドには目、耳、そして鼻が完備されています。幸運なことにゾンビウィルスのおかげで、これらの器官はあなたの狩りと戦闘に大きく貢献します。次の項目で詳しく説明しましょう。

頭を使おう

ゾンビは頭を使うのが苦手とされていますが、実はあなたのゾンビ頭部は人間狩りをする際に便利な情報を感知する器官を複数そなえています。ゾンビウィルスのおかげであなたの目、鼻、そして耳は驚異的に敏感になりました。鋭敏化された視覚・嗅覚・聴覚を活用し、動死体軍団《リビング・デッド・リージョン》の戦友とうまく連携しあえば（53ページの「ボディ・ランゲージ」の項目を参照）、どんな狡賢《ずるがしこ》い酸素消費者の居場所も突きとめられるでしょう。

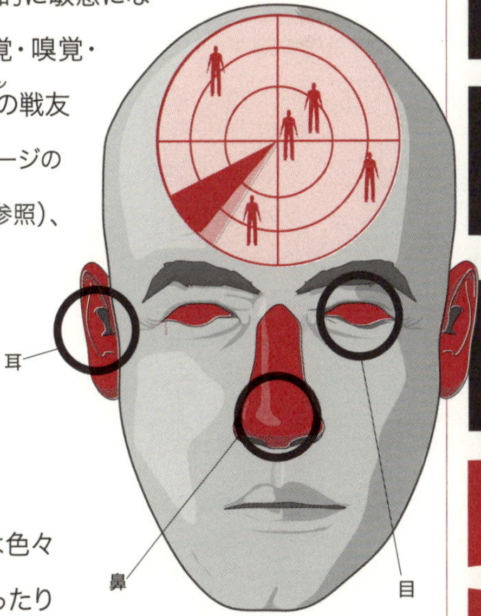

[目]

腐っても目。あなたの眼球は色々なものが見えたり見えなかったりします。既にお気づきでしょうが、生前とは随分様変わりしています。ゾンビ化の過程において、眼球の中の光受容体は次のように変貌しました――強い光を探知する細胞はあまり変わっていませんが、暗い環境で動きを探知したり、大まかな輪郭を捉えたりする細胞が非常に鋭敏になりました。この恩恵として、ブリーザーにとっての真っ暗闇もゾンビにとっては薄明るい環境に見えます。

ゾンビの目は暗視が可能になっているほか、周辺視野が大幅に強化されています。これは光受容体の変異ではなく、脱水症状が進んだために眼球が前後に収縮した結果です。この収縮のおかげで、目の焦点は網膜の後ろに移行してしまいました。これで遠いものが明瞭に見えるようになりましたが、自分の近くにある物体は非常にぼやけて見えます。残念ながらこの遠視効果はアンデッド全員で発

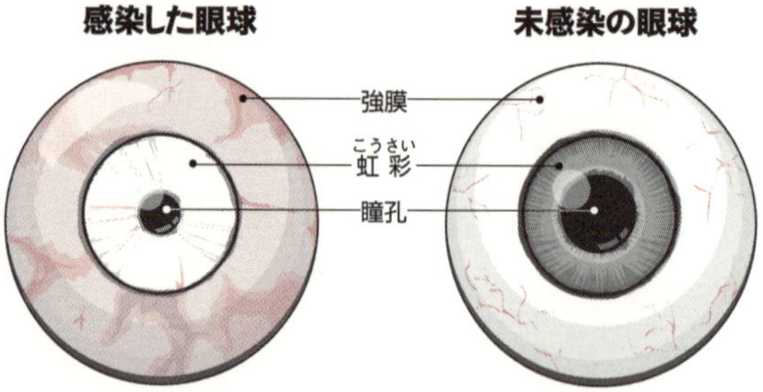

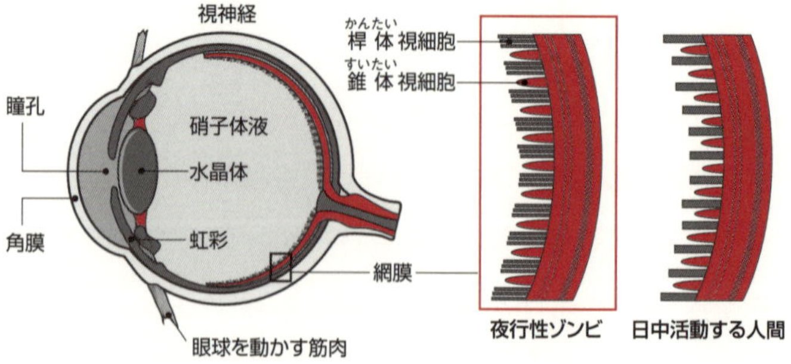

生しており、接近戦においての攻撃や防御にとってマイナスとなります。

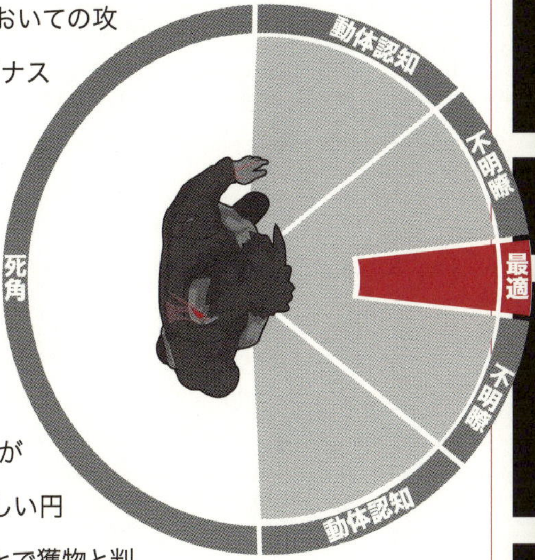

これらの変異の結果、遠くの物体の動作をよりはっきりと察知しやすくなっているかもしれません。相手が遠くにいても、人間らしい円滑な動きを確認することで獲物と判断できます。

さて、あなたはどの程度の視覚能力を持っているのでしょうか。次頁に記されたゾンビ用視力テストを使って確認してみましょう。上段の2列は避けたほうが良い人物のシルエットとなっています。具体的には軍人、消防隊員、警察官、武術家、チャック・ノリス、チェーンソーを持ったきこりなど。中段の2列は獲物として望ましい人物のシルエットです。これらは人類の中で比較的弱々しい者や人類の抵抗に貢献するような人物なので、優先的に狩りの対象とすべきです。具体的には高齢者、怪我人、子供、医療関係者、サラリーマン、道化、農家など。人間は食物を育て、食べないと生きていけません。この弱点を存分に活かしましょう。

地上の完全ゾンビ化を押し進めるのであれば、やや面倒なブリーザーたちもやがては相手にしなくてはいけません。しかしながら脳のお味は皆同じです。まずは脆弱な輩から手をつけましょう。

[耳]

自分の耳が見えないからといって焦る必要はありません。あなたの耳は視界の外の、頭部の左右に位置しています。生前、あなたは耳を使って対面している人間の愚かしさを確認していました。しかしゾンビの世界は差別や偏見とは無縁です。ゾンビの聴覚は生者の音の有無と方角を判別するのに特化しており、発する言葉の知性や品性を測定する能力は失われました。どうせブリーザーを皆食べるのですから好き嫌いはよろしくないですね。

1890年代より
ウッドロウ・ゾンビ・ウィルソン大統領名語録
「~~指導者~~死霊者の耳には~~市民~~生者の~~声~~叫びが響かなければならない」

検証の結果、新参ゾンビは人間と同程度の聴覚を有していることが確認されています。また人類全員に耳を動かす筋肉がありますが、それを有効活用できるのは極々少数です。しかしここがゾンビが酸素消費者より優れている点のひとつで、ほとんどのゾンビはこの能力を発揮できます！ ゾンビ化の過程において、それまで未発達であった耳に接続されている筋肉が強化され、自由に動かせるようになりました。何か音を感知した時、即座に耳を動かし、その音源の方角をより正確に突きとめられるようになっています。

死後の人生もかなり進むと聴覚をすべて失ってしまう可能性があります。腐敗が進むと外耳道《がいじどう》が塞がってしまい、内耳《ないじ》の聴覚を判

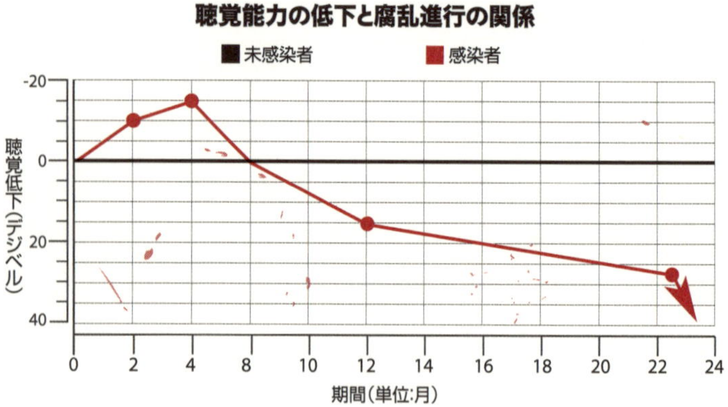

別する能力が阻害されてしまうからです。平衡感覚がおかしくなる可能性もあります。腐敗した細胞による外字道閉塞は短時間の水浴びで洗い流すこともできますが、内耳の機能不全はどうしようもありません。

[鼻]

狩りにいそしむあなたに甘美な人肉の香りを届けてくれるのが鼻です。丁度良い具合にあなたの両目の間の少しだけ下に位置した鼻は、数キロ離れたブリーザーを見つけるだけにとどまらず、その獲物の方向へと導いてくれます。ただし、さまざまな匂いが充満する都市部では、嗅覚が圧倒されて効率が

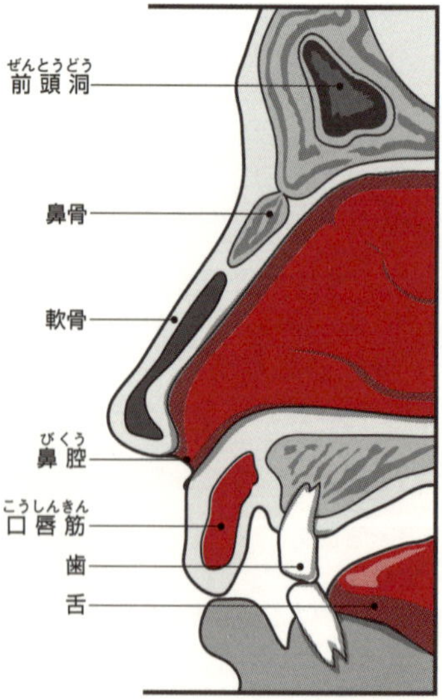

落ちやすいのをご留意ください。

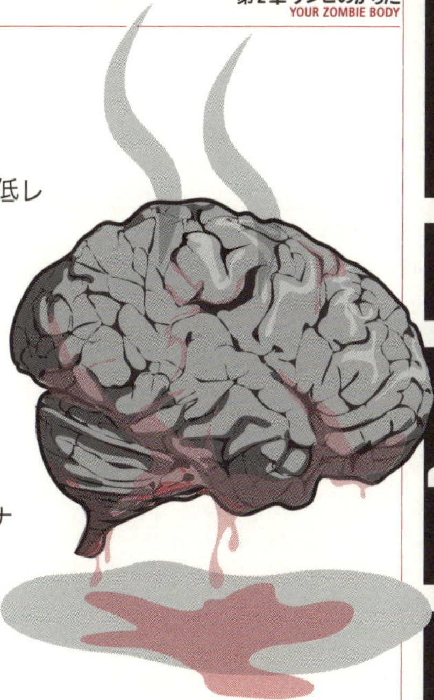

腐敗と同時にあなたの鼻は低レベル有害粘液で充たされます。獲物であるブリーザーの血液、汗、その他の分泌物から発せられるフェロモンがこの粘液に接触すると鼻は即座に反応し、あなたの脳内でアドレナリンを分泌させるような神経接続を促します。フェロモンに対する反応の強弱によって、どの方向に生者がいるのかが判別できます。獲物の方向が判明した段階であなたはその方向に向かってヨロヨロと歩み寄りはじめるのです。かなり複雑に聞こえますが、やってみると驚くほど簡単です。案ずるより嗅ぐが易しです。

時に鼻汁の分泌が過剰になり、口内へと溢れ出るかもしれません。この場合、人肉以外の摂取に対する拒絶反応から、射出嘔吐をすることが考えられます。また、腹一杯になるほど生者を食べた場合、鼻血が発生します。

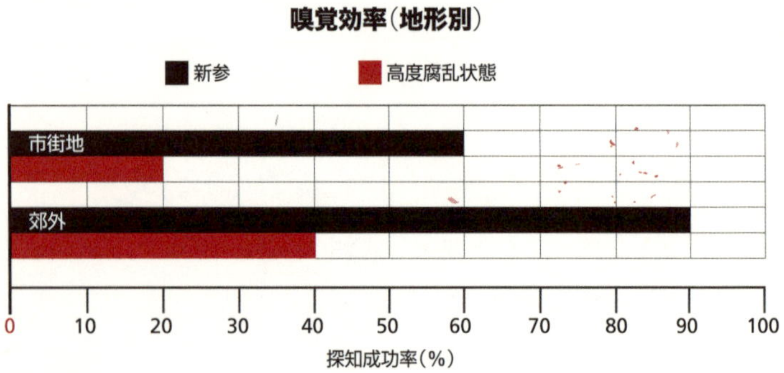

[感覚不全]

残念ながら人体には目と耳はふたつずつ、鼻はひとつしかそなわっていません。ブリーザーもゾンビも同じです。ほとんどのアンデッドはやがてこれらのいくつかを失うことになります。理由としては不注意な行動、人間との争い、または腐乱の進行があげられます。眼球が欠落した時は周りに呼びかけて回収を試みるのも悪くないですが、ゾンビウィルスの力をもってしても元通りになるかは疑わしいです。

どれかの感覚に不都合が発生しても焦る必要はありません。群れの中のほかのゾンビの探知能力に頼ることも可能ですので、集団狩猟活動を続けるのに大きな障害にはなりません。多くのアンデッドと徒党を組むのは、自らの威力を高めるだけでなく、数キロも離れた生者を見つけられる新米ゾンビのとぎすまされた感覚の恩恵にあずかるのを可能としてくれます。

もし集団行動が不可能な場合、感覚不全を起こしているゾンビは、後述する「待ち伏せ」狩猟テクニックの活用をおすすめします

(91ページの「食べ物を待つ」を参照)。

ボディ・ランゲージ

ゾンビ規範第八条には明解な言動を試みることを厳格に禁止する条項があります。この規範に背けば舌が切り取られてしまう懲罰が待ち受けているので気をつけましょう。(詳しくは219ページに記された「ゾンビ規範」をご参照ください。)そもそもゾンビに言語を発する能力があるのでしょうか。アンデッド同士の言語コミュニケーションは大変まれです。これはゾンビウィルスが脳内の言語中枢に重大なダメージを与えているのに起因します。たとえ人語を発することが可能であっても、不明瞭・不可解な発声に終始するのが関の山です。「迷惑早口、つば飛ばし、友達少なし」という文言を聞いたことがありますか? 実はこれはゾンビが編み出したものです。危険や標的を察知した時、これを伝えるのに、ほとんどのゾンビは呻く・わめく程度の意思疎通しかできません。我々は肉食

動物の頂点に位置する存在であると思いたいところですが、この意思疎通の程度の低さでは、あまり抜きん出ていません。自然界のほとんどの肉食動物もまた、単純な発声で危機を伝え、仲間を獲物へと駆り立てます。人間の狩人も同じようなものです。

状況によってより正確な意思疎通が必要な時があります。その際にはボディ・ランゲージ（身振り手振り）を活用することが望ましいでしょう。具体的には、思わせぶりな淫靡《いんび》な動き、表情、その他です。腰を振ったり頭を目標に向けるといったジェスチャーをすれば、群れの同志にその意図は即座に伝わり、ヨロヨロと動き出してくれることでしょう。

あなたの体型の傾向と対策

体型を改めないと何かの役割を果たせない、願望に近づけないなどと気を重くしていた生前の記憶はとうに吹き飛んでいるかもしれませんが、大丈夫です。ゾンビになった時点であなたの体型は固定されました。メタボ改善、ダイエットなど面倒な事柄を気にする必要はありません。さてアンデッドたるモノ、多種多様な姿かたちでこの死後の生活をはじめますが、おおよそ次の区分のどれかに当てはまるはずです。どれに当てはまるかを確認して、あなたもその弱点を克服し長所を伸ばしましょう。

外胚葉型《がいはいよう》（ガリガリ痩せ型） やや貧弱な体型で肩幅・腰幅の狭いのが外胚葉型の体型を持ったゾンビです。筋肉はそれほどありませ

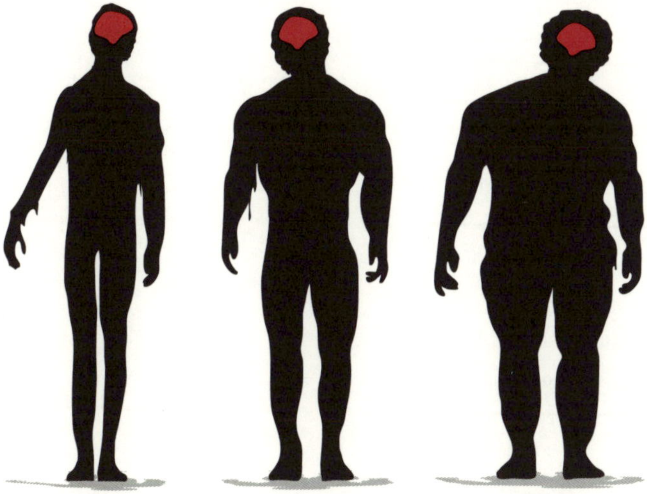

外胚葉型《がいはいよう》　中胚葉型《ちゅうはいよう》　内胚葉型《ないはいよう》

んがかなりしなやかな動きが可能なのが特徴で、歩幅も大きくゾンビとしては規格外の速度で移動できます。夜な夜な飛び回るバンシーの如く、高速で動き回れるのです。外胚葉型のゾンビは少ない量の人肉をこまめに食べるようにするのがもっとも理想的です。

理想的集団狩猟行動：人肉の発見と追跡

中胚葉型《ちゅうはいよう》（ヨロメキガッシリ型） 引き締まった筋肉を誇る肉体。ただし腐乱死体ですが。通常、腰幅よりも肩幅が広く、ほかの2種類のゾンビに比べて力持ちです。中胚葉型ゾンビは無理をして肉離れなどを起こす傾向があるので注意が必要です。

理想的集団狩猟行動：障害物の排除と人間の捕獲

内胚葉型《ないはいよう》（コロコロ肥満型） 内胚葉型ゾンビの肉体は林檎や洋梨のかたちに似て、上部よりも下部の方が広がっています。ハルクといわれるこの体型のゾンビは、丸みを帯び重量オーバー気味で、ほかの２種類のゾンビに比べると動きも鈍いのが普通です。内胚葉ゾンビは食事に注意が必要です——ほかの種類に比べると拡張性胃破裂を起こす可能性が高いのです。ガタイが大きければ大きいほど的になりやすく、狭いところに忍び込むのが困難です。

理想的集団狩猟行動：銃弾緩衝と吐瀉・排泄物の分布による対人間毒素環境の構築

平均死後余命

残念ながら、よろめくあなたのからだも永久ではありません。どれくらい活動を続けられるかはふたつの要因に大きく左右されます——あなたのからだの状態と毎月の人肉摂取量です。最終的にあなたの肉体は自然腐敗によって脆弱となり、移動が不可能な状態にまでいたると、そのまま崩壊して消え去る運命にあります。巷の死体に比べると、ゾンビのからだの腐敗はよりゆるやかです。ゾンビウィルスがからだの腐敗を加速させるバクテリア

ゾンビサバイバル期間

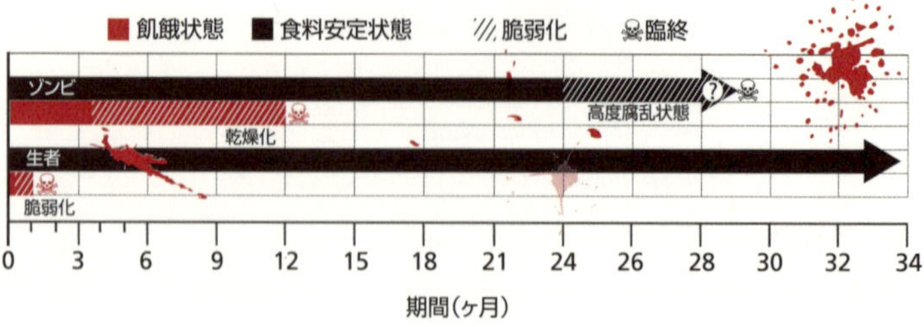

や生物を寄せつけないような作用を持つからです。しかしこの守護者たるウィルスに未感染の人肉の定期的な摂取による栄養補給を続けないと、一般的な死体に近いスピードであなたのからだは崩壊してしまいます。飢餓状態のゾンビの活動限界期間《アンデッドモード》は約4〜9ヶ月とされていますが、個人差があるのでお気をつけください。逆に定期的に生者の人肉を確保できれば（詳しくは163ページの「人間献立」の項目をご参照ください）、2年かそれ以上の長い余生も夢ではありません。

ゾンビボディ質問コーナー

人肉に飢える多くのゾンビは自分のからだの重要な特徴を確認せずに狩りをはじめてしまいます。複数のアンデッドの疑問《呻き声》を次のコーナーに凝縮しました。

Q：空気を吸う必要はありますか？

A：ありません。生者は約6分しか呼吸をとめることができませんが、ゾンビは酸素をまったく必要としません。肺に損傷があろうがなかろうが、どのみち活用されません。ゾンビは水中での窒息の危険を意識する必要はまったくありませんが、長時間水に浸かっていると腐敗が促進される危険があります。基本的にはどんな環境でも、大気の状態を気にせず活動をすることができます。

Q：私に弱点とかありますか？

A：あります。頭蓋骨を貫通するような脳髄へのダメージ、脳幹への外傷、または頭部切断が生じると、あなたのゾンビライフは終了です。延焼による頭部損傷も終局へとつながる可能性がありますが、完全な焼却崩壊が成立するまでには40分前後かかるのが普通です（詳しくは149ページに記された「炎」の項目をご参照ください）。

Q：ゾンビにも、アレルギーとかありますか？

A：あります。死後12時間が経過した人肉を摂取してはいけません。このような状態の人肉からはあなたが必要とする養分が既に失われており、仮に摂取した場合、胃腸内の異物蓄積をひきおこし、人肉吸収能力への重大な障害となりえます。不適切な暴食は視覚障害など、その他の重大な影響につながる可能性があります。たとえば足の親指に死体認識票が取りつけられている死体を見つけた場合、喰いあさるのはやめておきましょう。

Q：取り扱いが規制されている薬物・劇薬・アルコール等々の影響は？

A：ゾンビはほとんどの薬物、毒物、ガスに影響されませんが、まれに泥酔状態の人間を貪った際、めまいをおぼえることもありえます（詳しくは33ページの「泥酔状態の

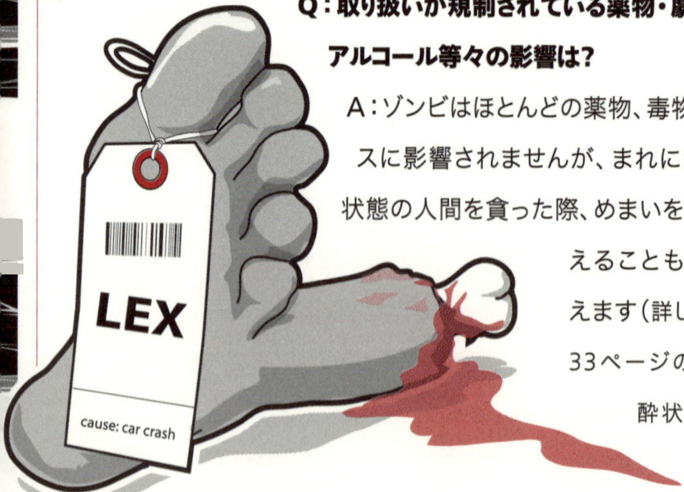

人間」をご参照ください)。肉体を溶かすような酸などとの接触や摂取は避けるべきですが、通常の場合、酸による損傷は接触のあった部位にとどまり、限定的です。

Q:ゾンビウィルスは生前の身体障害を治癒できますか?

A:できたかもしれません。ゾンビウィルスは生前に欠損した身体部位の再生はできませんが、あなたの遺体を蘇らせる段階で、細胞間に新たなネットワークを構築します。非常にまれなケースではありますが、ゾンビ細胞ネットワークによって機能不全を起こしていた生体器官への接続が回復することで、視覚障害・聴覚障害など生前に患っていた障害が改善される事例が報告されています。

第3章
敵を知る

chapter 3
KNOW YOUR ENEMY

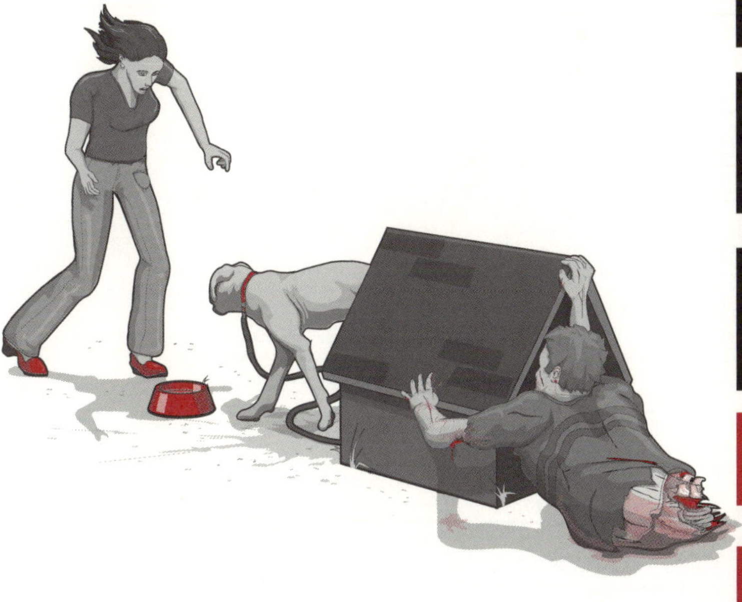

ゾンビの敵は人間です。この世界には、この輩が60億体以上存在します。逆算すると実に1億3500万トン分の脳味噌で、5トントラックならば約2700万台分に相当します。凄いですねぇ。残念ながら人類は自らの脳髄をトラックで集めてくれたりしません。それどころか、全人類を巻きこんだゾンビ・パンデミックが起きても、生者どもは最後の最後まで利己的行動を続けます。狩りを少しでも成功させるためには人類の欲求を理解し、彼らがいかにこれらの欲求に振り回されるかを理解する必要があります。

人間の欲求

生者はゾンビと同じように食い溜めすることができます。ひとりの人間が80個ものチキン・ナゲットを5分でたいらげたのを目撃したゾンビもいます。もちろんこれは例外で、通常の生者がその脆弱な生体機能を維持させ、健康状態を保つには1日約2500kcalを摂取しなくてはいけません。2500kcalとはチキン・ナゲットでいえばだいたい40個、コンビニで売られている平均的なオムスビならば14個程度です。総量は約0.5kgで、典型的な成人の有する脳髄の1/3の重さです。人間はファーストフードのほかにも水、住

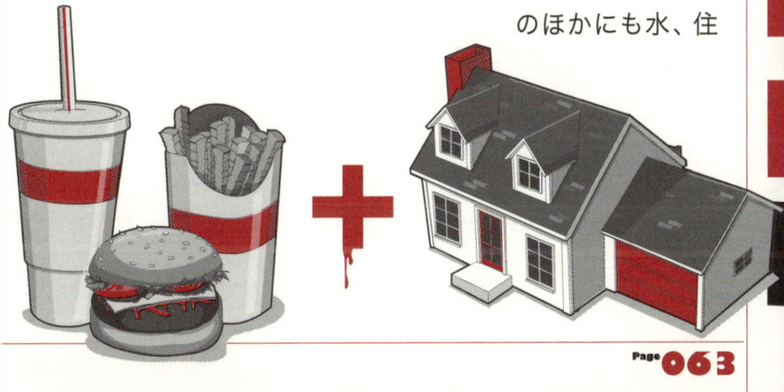

欲求階層
マズローが提唱した
意気地なし欲求階層
下にいくほど、
より基本的欲求

居、そしてアルコールが必要です。人類が長生きし繁栄するためにはこれらが不可欠なのです。

　ところがここでマズローなる奇妙な人間が登場して、人間の欲求にいくつかの「感情的」必要条項を継ぎ足しました。面倒臭いですね。情緒的欲求とは所属意識、自己の尊厳、自らの可能性《ポテンシャル》を最大限発揮する自己実現の機会、等々並んでいますが、正直ゾンビの我々には何がなんだかよくわかりません。友情や他者からの尊敬は生存に必要不可欠ではありませんが、マズローによれば、これらなくして人類は成り立たないそうです。

　こんな膨大な欲求を抱えた人類は、当惑し、やがてその精神に異常をきたすのは当然です。尊敬、友情、性的親密性にうつつを抜かしている間、より基礎的なことを見落とし、自己の安全の確保が疎かになるのです。酸素消費者は、特に性的親密性の確保にやっきになると想定されます。これらの傾向を理解して人類の弱点を最大限有効活用しましょう。彼らの文明がいかに腐った髪の毛一本ほどのかぼそい危うさの上に成り立っているか、これよりお教えしましょう。

人間は過ちを犯す

危機的な状況に瀕した人間は大変な痛手をこうむるような誤算を重ね、パニックのあまり建設的な対応ができなくなってしまいます。自然災害・ゾンビ災害問わず、です。次のゾンビ・パンデミックでも同じ過ちを繰り返すのは確実でしょう。生理的・情操的欲求に振り回され、決断できないまま慌てふためく人間どもはまさに「濡れ手に泡」ならぬ「腐った手に脳」という具合です。人間は次のような致命的ミスを犯すのが期待できます。

[対策がなおざり]

ほとんどの人間はゾンビ・パンデミックなど、巨大隕石襲来の確率程度の危険としか想定していません。つまりほぼありえないので対策をする必要はないと思いこみ、能天気のまま過ごしています。死体が起き上がり、よろめきながら人間の襲撃をはじめているという報道があっても、多くの人間はこれを壮大な冗談か映画のプロモーションとしか受け取らないでしょう。米国の劇作家・監督・俳優のオーソン・ウェルズがイギリスの作家H・G・ウェルズの著作『宇宙戦争』を題材にしたラジオ劇を1938年に放送したところ、宇宙人の襲来がはじまったと思いこんだアメリカ人がパニックになりました。この名残がアメリカ社会にはなおも色濃く残っているので、ゾンビ襲来の報道が流れても、以前の宇宙人襲来の絵空事と一緒くたにしてしまう可能性が高いのです。ありがたいですね。

人間の何事にも懐疑的にのぞむ姿勢は、災害対策の怠りへとつながっています。脳が腐っているためにおぼえていないかもしれませんが、人間の生存には大量の備蓄が必要です。その気になれば、彼らは潤沢な備蓄を用意できます。たとえば彼らは、次のゾンビ大発生を乗り切るのに充分な量のポルノを備蓄しています。しかし人間はポルノを消費することで生きながらえることはできません。1年間生存するには約194kgの食料と約76kgの水が必要です。通常1箱24缶内包しているビールケース91箱で補うスキモノもいるでしょう。核戦争・疫病といった災害による文明崩壊後も生存することにこだわり、多くの物資や武器を備蓄し、シェルターを構築しているイカレたサバイバリストはさておき、ほとんどの人間はそれを完全に怠っています。酸素消費者が寄り添って互いの生存を確認する儀式、「パーティ」において食料が枯渇するとすぐに逃げ出してしまうのもうなずけます。

人間は安全な隠れ家から抜け出しては、食べ物を見つけようとスーパーやコンビニ、ドーナツ・ショップなどに引き寄せられます。極限状態に追いつめられた人類は、残り少なくなったトゥインキーやスパム缶などの資源をめぐって争いをはじめます。これによって多くの怪我人や、飢餓状態の人間が生じます。我々にとっては好都合なので、即座に喰らいつくしましょう。

　生者全員が対策を怠っていると想定してはいけません。昨今ゾンビマニア集団やその他ゾンビ災害啓蒙秘密結社が複数創立されています。とはいえ、その数はあまりにも少なく、対人類大規模包囲殲滅戦を敢行するのにそれほど大きな障害とならないでしょう。

[感染に対する防護は不充分]

欧米ではくしゃみした人間に対して「ブレス・ユー（あなたに神の祝福がありますように）」と唱えますが、あの文句の本当の意味は「わたしにゾンビウィルスを吹きかけてくれてありがとう！」なのです。ブリーザーの多くは絶えずくしゃみをし、病原菌拡散に際してきちんとした防護策を講じません。人間は口、鼻、目、ならびに外傷をすべて覆う必要があるのですが、実際にはなおざりなままです。彼らの不注意は我々が仲間を増やす、この上ない好機といえるでしょう（詳しくは183ページの「感染の作法」をご参照ください）。

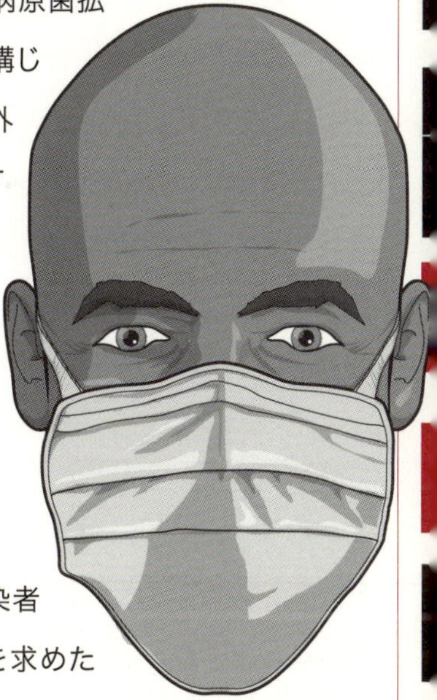

　ゾンビとして復活していない感染者が、公共交通手段を用いて治療を求めた

り、家族のもとへと戻ったりする行動は未感染の人間との交流を生み、我々にとって非常に有利な状況をもたらします。ブリーザーらにとって致命的な不注意ですが、我々アンデッドとしてはこれら裏切り同然の行為を喜んで受け入れましょう。

[武器の扱いがドヘたくそ]

アンデッド関係者によれば、人類は今だにチャック・ノリスのクローン化に成功していない模様です。ノリスさんの前には我々も大隕石すらも太刀打ちできませんから、本当に良かったですね。ありがたいことに酸素消費者の大半は傭兵としての訓練が欠如しています。たとえば北米では武器の所持が浸透していますが、このほとんどが調理器具や不法に入手された拳銃です。武器の中では小物ばかりといえるでしょう。身の危険を感じた生者はなんでも武器にします。震える手で、棒や板切れなどを握り締めていることでしょう。

しかしこれらのほとんどは、たいしたダメージを与えません。まぐれであなたの頭部に一撃を与えたりしない限り、痛覚を失ったからだにはまったく影響がないのです。幸運なことに、これらの武器による攻撃は近距離が前提ですので、吐《と》瀉物《しゃぶつ》を吐きかける絶好のチャンスです（詳しくは136ページの「射出嘔吐」をご参照ください）。即席武器の多くは血しぶきを発生させるので、相手を感染させる可能性があります。

銃をひけらかす人間も、充分に対処可能です。射撃訓練も疎《おろそ》かなのがほとんどですし、動転してうまく標的にあてることができるわけがありません。しかも戦闘が長引くほど弾薬は不足し、あっというまに弾切れを起こすことうけあいです。襲いかかるゾンビ集団の常に後方にいるように心がければ、命取りになる頭部への直撃を避けやすくなります（詳しくは140ページの「弾避けの極意」をご参照ください）。

［運動不足］

人間は自分の肥満の度合いをとてつもなく過小評価しています。ほとんどの人間は戦闘できません。このような「負け組」の連中にとって、ゾンビ発生時の選択肢はふたつだけです——戦うか逃げるかです。ドーナツ食べ過ぎのデブチンのほとんどは、我々ゾンビと格闘するといった接近戦を好みません。手にも脂肪が集中しているため、戦闘能力が著しく退化しているのです。ビヤ樽連中は大概逃げ出します。余計な重荷を大量に抱えている割には意外な速度を発揮しますが、ビッグ・マックの食べ過ぎの影響ですぐ

に疲れ、ひどい脇腹痛で苦しみ出します。

このレース、最終的には脳味噌食いのカメさんが勝利します。ゾンビはめざましいしつこさを発揮することでブリーザーどもを疲労させ、やがては彼らをしとめられるのです。注意しておきたいのは、疲労困憊した酸素消費者は急激な運動の反動で嘔吐することもあるということです。やや気持ち悪い現象ですが、人間が口にする「食べ物」に比べればかわいいものです。前頁のハンバーガーを見てください。なんとおぞましいことでしょう。

[容易な精神崩壊]

人間は誰もが精神病患者のようなものです。簡単に個人的な感情を抑制できなくなり、ヒステリックな行動をとることで自らの生存の可能性をせばめます。自分がゾンビの獲物であると気づくと、途端にパニック状態になります。危なっかしく刃物や銃を振り回しはじめ、味方に致命傷を与えたり、もっとひどい事態を招いたりします。さらにいうと、閉所恐怖症、ビデオゲーム中断による禁断症状、家族あるいはペットと再会を果たそうという信じられないほど軽はずみな動機から、比較的安全な隠れ家から歩み出て、不必要に自らの危機を招くことなど日常茶飯事です。これらの奇怪な行動はあなたに手軽な食事を提供してくれます。

全人類の文明の崩壊が目前に迫ったゾンビ大発生の末期ともなれば、生者は完全な絶望状態に陥りかねません。我々アンデッドの仲間になることを拒み自殺するものもいれば、中にはまだ感染していないのに我々と行動を共にしようとする輩も登場します（詳しくは35ページの「精神錯乱者」をご参照ください）。

[静かに潜伏できない]

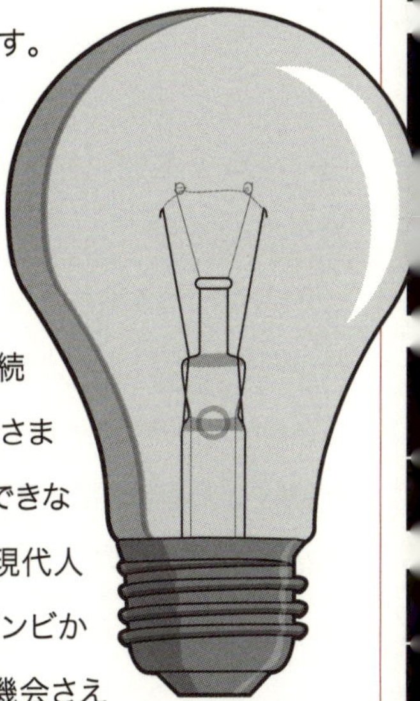

人間はそっとしているのが大の苦手です。某ゾンビ大発生の折、夜中の遊園地に逃げ込んだ人間姉妹はひどく目立つアトラクションの電源を入れ、我々ゾンビに対して煌々《こうこう》とした誘導信号を灯したことがありました。人間は常に進化を続けた結果、今では常に同時並行《マルチタスク》状態でさまざまな事柄に関わっていなければ我慢できない生物へと変異した模様です。いかに現代人がじっとしていられないのか、多数のゾンビから報告が入っています。ブリーザーは機会さえあれば、鼻歌を発したり、指をトントン打ちつけたり、口笛を吹いたり、喋ったりするなど絶え間なく音を出し続けるのです。このような迷惑行為は我々ゾンビにとって耐えがたい騒音公害ですが、同時にゾンビの食卓の用意が整ったことを教えてくれるような役割を果たしています。

多数の報告によれば、人間は自らを目立たせるような物品に囲まれていなければ安心できないそうです。吠え続ける犬、騒音を撒き散らす車両、金属音が目立つ武器、ピコピコ音を立てる電気器具等々、文明の利器は我々にとってありがたい合図であり、ゾンビソナーで相手の位置をより確実に把握するのに大きく貢献します。後はその方角に向かってゾンビ歩きするだけ。人間が窓から射撃したり、電灯を灯したり、ペットの犬を吠えさせたりすることは、ゾンビへのもてなしの気持ちを伝えようとしているのです。

[ビッグ・ブラザーの思うがまま]

欧米で人気を呼んでいるTV番組『ビッグ・ブラザー』から察する限り、外部から隔離された状態の集団生活に適応できない人類は瞬時に崩壊することでしょう。ゾンビウィルスの感染が広がれば、危機に瀕した人間を「助ける」名目で軍や政府の人間が即座にやってきますが、彼らの真の目的は、感染の可能性のある人間を周辺地域から隔離し、閉じこめることです。

　こうなれば我々にとって儲け物です。ゾンビランドの中に取り残された連中は、アンデッドの格好の獲物となります。住居や避難所に逃げ込んだ人間は我々のスナックであり、やがて隔離地域内の人間はすべてたいらげられてしまうか、感染して我々の仲間となってしまいます。この隔離地域の中で我々は仲間の数を膨らませ、人間の主要防衛手段である隔離防衛線を突破する準備を進めれば良いのです。

[自己意識が弱い]

効率的かつ行動力・自発性に優れたゾンビとは異なり、狂乱状態の人間はビンタされ指示されないと何もできません。これは人類にとって大きな弱点になります。最初は不満を唱えるところからはじまり、やがて指導者に対する不信へと発展するのです。しばらくもすればさらに醜い事態へと発展し、結束の強かった集団も協調関係が崩壊します。バラバラになり、我々による集団強襲に対して非常に脆弱な個々の存在へと転落してしまうのです。集団行動から離れた人間はまるで道ばたで転げまわる四肢のようなモノ――簡単に喰い物にすることができます。

　自慢するつもりはありませんが、ゾンビには恐怖とか猜疑心とか、それどころか感情などというモノは一切ありません。あるのは食欲をベースにした衝動だけです!

人間の殺し方

ゾンビに比べるとひどく脆弱な人間ですが、連中も筋肉痛、捻挫、打撲傷、腱炎、そして骨折程度の負傷では簡単に脳味噌を提供してくれません。あなたが爪で引っ掻いたり噛みついたりすればゾンビウィルスに感染し、やがて死亡して我々の仲間となります。それはそれでありがたいことですが、当面の課題は今、あなたが直面している飢えを満足させるために脳を喰らうこと。ガツガツ脳髄を喰いまくる、それが重要なのです――大事なことなので繰り返しました。そのためには、人間に致命傷を与えるだけで

はなく、その場で殺さなければいけません。いかに人間を地面にねじ伏せ、あなた自身の顔が深紅に染まるまで喰いちらすか、です。

ご心配いりません――傷つけられるモノは必ず殺せます。ブリーザーのからだつきは千差万別ですが、武器や防護服を奪いとれば感染させられますし、殺せます。マッチョな刺青をほどこしている輩に出くわすかもしれませんが、ご心配なく。どれだけおどろおどろしいメッセージがタトゥーに含まれていても、ゾンビの大群の前ではまったく無意味です。

人間の柔らかな腹部には同じ臓物が詰まっています。これら11の臓器は継続的にそれぞれの役割を果たし続けなければならず、どれかひとつでも甚大な損傷をこうむれば、機能不全を起こします。人間の内臓器官の相互依存性はあなたにとって格好の標的であり、ざっと計算したところ人間を殺す手法は1001以上確認されています。たとえば人間は、約6Lの感染されていない新鮮な血液を何百kmにもわたる血管の中にめぐらせなければいけません。これが阻害されれば、血を噴き出しながらその場に倒れこみます。

さあ、お腹減ってきましたね。

人間のからだには多くの急所があります。これらの急所こそ、臓器入手への近道です。これより急所の見極め方と攻撃の仕方を説明しましょう。どれもうまく活用すれば凄惨な状況が展開するでしょう。もちろん、人間にとって、です。

[頭部への外傷]

迷ったら頭部を狙いましょう。安全牌です。生者は顔を引っ掻いたり噛みついたりされると正常に立ち振る舞えなくなります。うまくすれば相手の視力を奪うことができるかもしれません（詳しくは135ページの「全身武器ゾンビ術」をご参照ください）。獲物の視力を奪えば、あなたは確実に優位に立てます。片方の脚が欠損していても、です。

単純に腕を振り回すだけでも、頭部に手痛い打撃を与えることができます。脳を打撲すれば失神させられるかもしれません。脳震盪《のうしんとう》のほかにもめまい、脳卒中、けいれん、嘔吐、動脈瘤《どうみゃくりゅう》、鼻血、脳裏に星が浮かぶ、頭の周囲を小鳥が飛び回る幻影を見るといった症状を起こせる可能性があります。

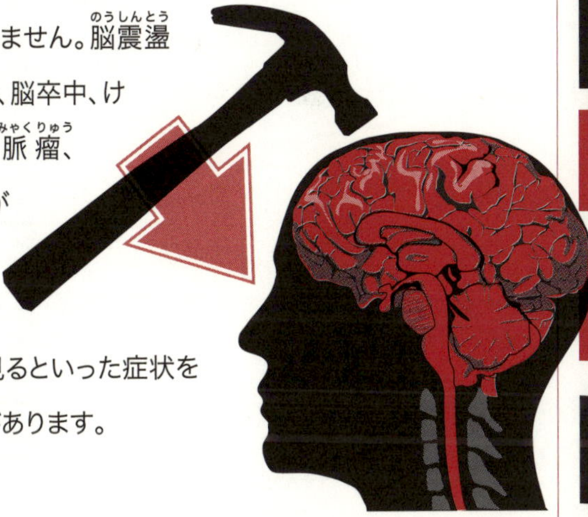

地面に叩きつけられれば、頭蓋骨骨折を起こせるかもしれません。骨の切れ端が脳髄に突き刺されば、即死してしまうか、あなたが貪り喰う間、無抵抗にさせられます。

ちなみに脳を強打してもその栄養は変わりませんから、お気に召すまま容赦なく攻撃しましょう。

[内臓へのダメージ]

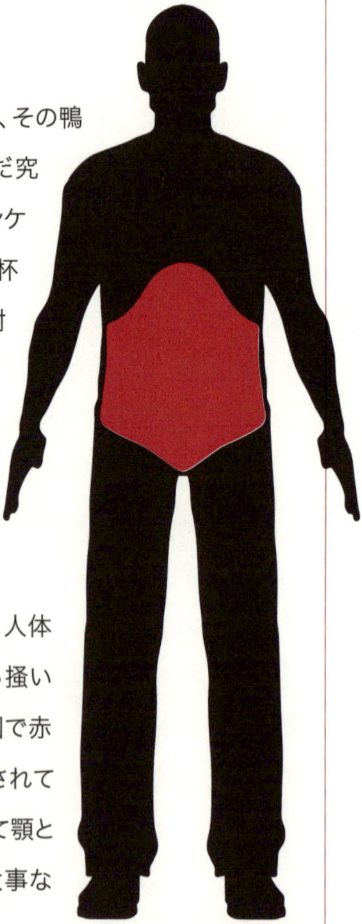

骨抜きニワトリを丸々鴨の中に入れ、その鴨もまた丸々七面鳥の中に詰め込んだ究極の鳥類丸焼きB級グルメ「ターダンケン」と似て、人間も色々な内臓で一杯です。骨格は損傷しにくく、皮膚は耐久性に優れているように設計されていますが、肝臓・腎臓・心臓などといった内臓へのダメージは比較的簡単に致命傷となります。

これらの臓器にアクセスするには、人体でもっとも防御が手薄な部分を引っ掻いたり噛みちぎったりしましょう。右図で赤く表示されている部分が骨で防護されていない部位です。この部分をめがけて顎と爪を駆使して皮を喰い破り、何か大事な臓器に損傷を与えられるまで攻撃を続けましょう。

［出血］

血を流す人間は良い人間だ! 多くの人間は出血を目撃しただけで気分を害します。体内から血が流れ出ていると知るや否や、半狂乱になるのも珍しくありません。

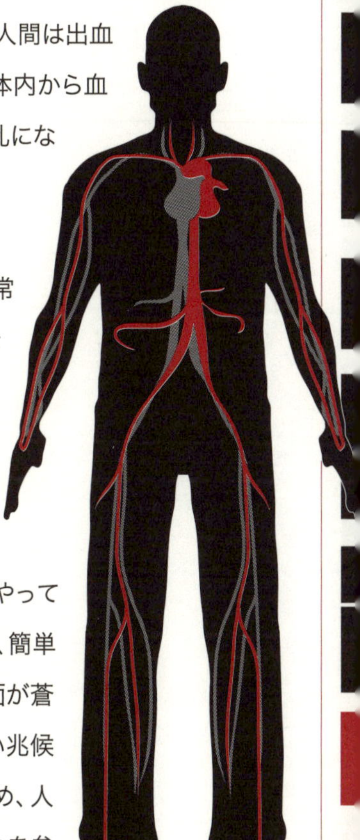

脆弱な人間にとって一定量の正常な血液の保全は不可欠です。血液を3〜4割失っただけでショック状態に陥り、素晴らしいファストフードとなります。さて、思考力が散漫で、3歩歩けばなんでもかんでも忘れてしまうようなゾンビ脳の持ち主がどうやって相手の出血量を推察できるかですが、簡単です。襲いかかったブリーザーの顔面が蒼白となり、脈が急激に上昇したら良い兆候です。より効果的な出血を目指すため、人体の主要な血管を表示しました。これを参考して積極的に大量出血を狙っていきましょう。

第4章
脳味噌狩り

chapter 4
HUNTING FOR BRAINS

ここでアンデッドの同輩としてお願いがあります。どうか皆さん、必要以上に脳髄をお高くまつりあげないでください。健全な酸素消費者どもは論理的思考が可能な脳を、神のように強大で、それを入手し喰らうことなど、天をつかもうとするような愚かな試みだ、と意志薄弱なゾンビを洗脳しようとしています。機能が正常な脳は確かに賢く巧妙な行動をとれますが、所詮は乳白色のタンパク質の固まりです。

生い茂る木のようにありふれた存在ではないかもしれませんが、食用に適した脳は結構潤沢にあります。大事なのはその腐った腰を起こして行動することです。新米ゾンビにとって脳味噌の確保は最初に乗り越えなければいけない登竜門。しかし酸素消費者があなたの成長のために献身的にボランティアしてくれるようなことはそうそうありません。

脳喰らいならば皆わかる話ですが、脳は頭部にあり、頭部は胴体に付随しており、胴体には「脚」なる部位がそなわっています。人間の脚は歩行移動、それと「消費阻害行動」をできるやっかいな存在です。ありとあらゆる手段を講じてゾンビレストランのお品書きに並べられるのを回避しようとします。

しかし人間は等しく餌食にしにくいというわけではありません。ゾンビ化発生の初期段階においては、知能の低い人間は状況を見誤り、いつもどおりのたどたどしい行動を続けます。自然淘汰が進むにつれ、ほかの人間は思考をめぐらせさっさとトンズラするでしょう。

この状況にいたった場合、あなたはその優れたゾンビ・スキルを駆使して生者を嗅ぎ出さなければいけません。

この章では、獲物たるホモ・サピエンスを執拗に追いまわすゾンビにとって役立つ情報を用意しました。有効な狩猟テクニックの全体像を説明するだけでなく、どうやって人間の構築した建物へ侵入するか、ならびに狩りをするアンデッドを待ち受ける障害物についても言及します。

しかしお気をつけください。ブリーザーを追いまわすことほどわくわくすることはありませんが、それはあくまでも採食行動の第一段階です。獲物を探しあてても、どうやって殺すのかわからない状況では、恥ずかしい思いをするだけでなく、非常に危険です。実り多い狩りにするためにも、実際に狩猟をはじめる前に戦闘テクニックをよく勉強しましょう（詳しくは131ページの「攻撃の作法」の項目をご参照ください）。

狩りの際には、必ず複数のアンデッドと行動をともにしましょう。ほとんどの捕食動物にとって、群れで行動する方が有利なのです。我々ゾンビの場合、数が多くて困ることはないので大群を目指しましょう。ひとつの標的に向かって集団で襲いかかれば、どんなに軽快に動き回れる人間でも、我々の宙をさまよう手から逃れにくくなります。

ランチ、ディナー、それとも夜食？

人間は一般的に日中がもっとも活発です。夜はからだの疲れを癒すために寝ていますから、狩りは夜間がもっとも有利です。多くの人間は、夜間は身構えず過ごしたり、休んだりしているので餌食にしやすくなります。また人類の多くはいびきをかきます。いびきをかく人間は睡眠中絶えず判別しやすい音を発します。寝ている人間の一団にたどりついたら、まずは身近な個体を餌食にしましょう。攻撃がはじまれば、ほかの人間は目を覚ましてしまうからです。

ゾンビ化が爆発的に蔓延すれば、人間は劇的にその生活サイクルを変化させます。こうなると深夜でも活動する人間が出てくるでしょう。多くの人間は闇に紛れながら移動したり、食料・資材の確保を試みたりします。この時使われる電灯、松明、カンテラは簡単に探知できる光を発し、天気や環境によっては数キロ離れた地点からも視認できます。注意深い人間は電灯を消すなどして闇の中で活動しようとするでしょう。しかしこの結果、彼らは自らの視界をせばめるため、我々は奇襲しやすくなります。

ではゾンビは日中の狩猟活動をやめるべきでしょうか？ とんでもない！ 夜間狩猟に複数の利点があるのは確実ですが、日中は見える範囲が広いです。ゾンビウィルスの変種の中には光に対して過敏になってしまうゾンビ化を起こすタイプもあります。このような不幸なゾンビは日中の明るさを避け、夜も目くらましされないように電球の光を避けなければいけません。光過敏症ゾンビは偏頭痛を体験することもあり、人間の叫び声が伴うと症状はより耐えがたい苦痛になります。

追跡

ゾンビは本能的に優秀な追跡能力を持っていますので、けっして仲間の期待を裏切らないようにがんばりましょう。自らの感覚と、人間が残す手がかりを理解する能力をうまく発揮できれば、人間が巣喰っている場所を見つけるのは造作もありません。次の食事をより確実にするために知るべき大事な手がかりについて説明しましょう。

煙 煙が昇るところ、何かがオシャカになったはずです。モウモウと昇る煙は自動車事故か住居の火災が一般的原因ですが、小さな煙のスジは人間の定住地を示唆してします。人間はたき火で暖をとることもあれば、食べ物を火であぶることもあるという、とても気持ち悪い習慣の持ち主です。

ゴミ 人類は救いようもない浪費家ばかりです。彼らは膨大な量のゴミを生み出し、自分の行く先々にそれらを散乱させます。キャンディ・バーのキラキラした包装用紙や空き瓶・空缶の跡を辿れば、命運尽きたナマケモノに出会えるでしょう。

要塞化された構造物 板を釘で打ちつけて補強された窓など、ゾンビ襲来に対して守りが固められた住居やその他の構造物は脳味噌の在庫が豊富であることが一般的です（詳しくは94ページの「人類構造物」の項目をご参照ください）。

車両 乗用車やトラックで、特に屋根に荷物等が縛りつけられている車両があれば、それは逃走の用意ができているということです（詳しくは113ページの「交通手段」の項目をご参照ください）。

ペット ブリーザーは伴侶のような存在が大好きです。身だしなみがきれいな家畜や人間に飼い慣らされた動物は、人間もすぐ近くにいることを示唆しています。犬はあなたの存在を察知して吠えはじめますので、飼い主を見つけるのに大きな助けとなってくれます。なお、危機的な飢餓状態に陥った場合、ペットで飢えを凌ぐことができます（詳しくは177ページの「困った時のまかない料理」の項目をご参照ください）。

騒音 音についてのアドバイスを要約すると、次の通りです——なんでもかんでも全部探索しましょう。この世で発生するほとんどの音は、人間の活動か人間を狩るゾンビによってつくりだされるものばかりです。

狩猟テクニック

さて、実入りが良さそうな脳味噌の居場所へとたどりつくことができました。次はいかにして人間を掻き集めるかが課題です。

いきあたりばったりに狩りたい気持ちもわかりますが、まずはその衝動を抑えて、先人が編み出した殺傷率の高い狩猟術に目を通してください。とても大事なことなので繰り返しますが、身の安全を確実にするために、なるべくゾンビ人海の後方に位置するように気をつけましょう。また、人間を襲う前に必ず、攻撃方法についての章をよく読んでください。

[生き餌]

獲物をおびきだすには人間の囮を用意する必要があります。生き餌の効果をより高めるために、出来るだけ魅力的な女性を確保しましょう。生き餌の意識はそのままにします。叫び続けてもらわないと獲物を呼び寄せてくれません。時間が経てば、女性の身の危険を心配する者や発情した者が隠れ家からおびきだされてきます。彼らの愚かさはあなたの利益です——近づいてきた「ヒーロー」に襲いか

かりましょう。もし人間が罠に感づいて近づかないようであれば、生き餌をそのままおいしく頂戴しちゃいましょう。

注意しなければならないのが、ほかのゾンビからの襲撃です。あなたの群れ以外に属するゾンビはこの高度な頭脳戦を理解できず、そのまま囮に襲いかかり貪り喰いはじめる可能性が高いのです。たとえゾンビ同士といえどもこのような蛮行を許すわけにはいきませんので、力ずくでも排除しましょう。

[脳髄追いこみ]

都市部・郊外に関わらず、人間を誘導・追いこむことができます。この戦術でもっとも大変なのは、群れをふたつの襲撃集団に分けることです。これに成功した後、まず片方が追いこみ役として標的に向かってうめいたり叫んだりしながら、ヨロヨロと歩み寄りましょう。警戒した人間はその方向から逃れようとしますから、そこにもう一方の待ち伏せ役を配置して罠を構築しましょう。

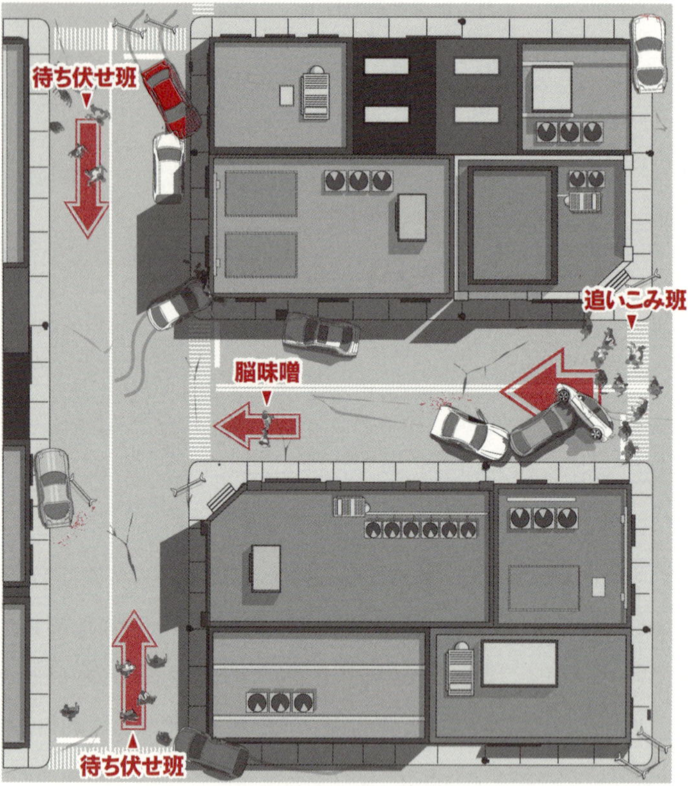

[人肉追い立て]

ゾンビは本能的に追い立て戦術に頼ってきました。追い立て戦術とは、喰い殺される恐怖心から半狂乱状態の人間を隠れ家から追い出すものです。この狩猟テクニックを駆使すれば、多くの酸素消費

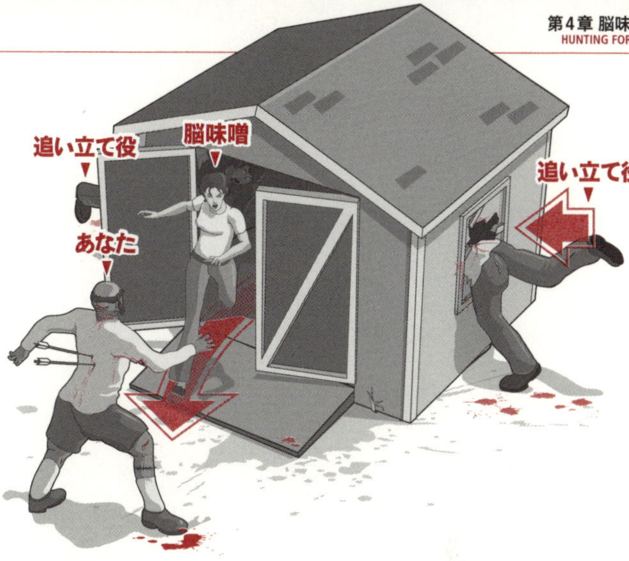

難民の逃避行《エクソダス》を誘発させ、外で待つゾンビ軍団の腕の中へと導くことができます。

この戦術は非常に単純に思えるかもしれませんが、成功が確実というわけではありません。武装した人間が反撃してくるかもしれません。アンデッドの頭を切り落とそうと身構えているかもしれないのです。ゾンビは何事にも臆することなく突き進むのが誇りですが、さすがに頭部を破損させられては楽しくありません。可能な限り追い立て役を避け、待ち伏せる一員になるよう努力しましょう。

[粘着狩猟]

ゾンビ生来の疲れ知らずの特徴を活かして、人類を疲れさせて卒倒させましょう。ほとんどの人間は平均的なゾンビよりも高速で移動することが可能です……が、これは短時間に限った話です。やがて

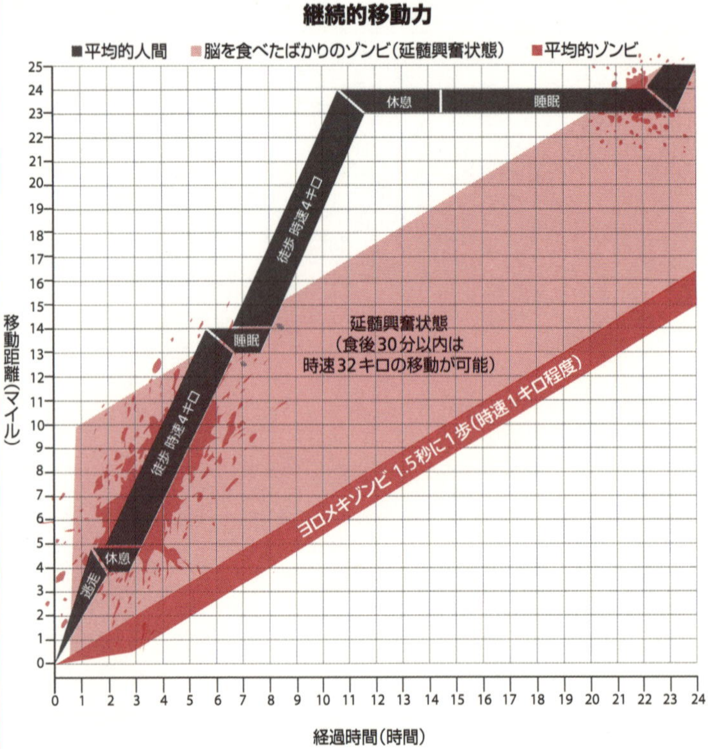

休息をしなければなりません。あなたの獲物は全員、この致命的な弱点を持っています。この休息時こそ簡単においしい食事を楽しむチャンスです。

　このレースでは、低速堅実が必ずや勝利をもたらします。脚が欠損している場合は這って移動しましょう。

食べ物を待つ

腐敗が進むとアンデッドの身体能力は低下します。腐敗以外にも、行動や探知に欠かせない身体部位が欠落してしまうと脳味噌狩りは困難を極めます。こうなった場合、今までとは違う狩猟テクニックを活用しましょう。多くのゾンビは食料を求めて広く遠くへと徘徊しますが、辛抱強く、人知れず待ち伏せるゾンビもかなりの成果をあげられます。待つモノのところへ脳はやってくるのです。

待ち伏せ攻撃をしかける場合、あなたの心強い味方になってくれるのは奇襲と恐怖です。待ち伏せにもっとも効果的なトップ10の場所を列挙しましょう。

1. クローゼット・物置・ロッカー どんな人間の住居にもクローゼット、キャビネットなどなんらかのスペースがあります。こういった場所に佇んで待っていればやがては家主が戻ってくるか、バイオハザード処理班が訪れることでしょう。

2. トイレ 人間が外国語を勉強する時に最初におぼえるのが「お手洗いはどこですか?」です。大抵のトイレは狭く、窓の少ない奥まった場所にあり、脱出が困難です。人間はすべて同等にこの設備を活用する生理現象に従事します。ズボンを下ろした状態の人間ほど簡単においしくいただける輩も少ないので、是非とも付近で待ち伏せしましょう。

3. ベッドの下 人間の子供が皆怖がる「ベッドの下の怪物」戦術です。ベッド・ソファーなどの家具の下か裏手に身を潜めて待っていれば、ブリーザーの視野に入らず、そのまま無防備になってくれます。あなたの獲物が歩み寄ってそのおいしそうな足首なりをさらけだしたら、噛みつくなり、引っ掻くなり、捕まえるなりしましょう。

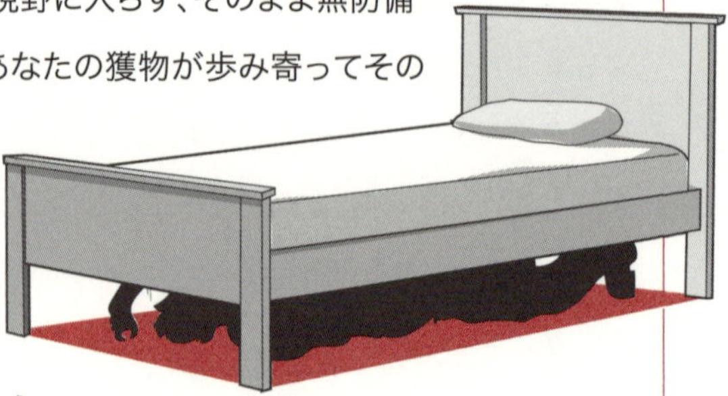

4. 地下室 大概の住居の地下室は薄暗く、それなりに動き回れるだけの広さがあります。人間が懐中電灯用の電池を探しにやってきた時などは格好のチャンスです。先輩たちからの情報によれば、地下室へと降りる階段の裏手で待ち伏せるのがもっとも効果的だそうです。

5. 車両 あなたのゾンビIQでは車のドアの開閉ラッチを操作するのもままならないかもしれませんが、もしかすると群れの中に器用な同志がいるかもしれません。車両の中に忍び込んだら、真っ先に後ろへと向かいましょ

う。待ち伏せるには、トランクか後部座席がもってこいです。

6. ゴミ箱 くずかごや商業設備の脇に設置されている大型の据置きタイプのゴミ箱、はたまたゴミの山の中に潜りこめば、完全に身を隠すことができます。ゴミの汚臭で人間の存在を嗅ぎあてにくくなるのが弱点ではありますが、これは悪いことばかりではなく、ゴミの臭いはあなたの放つ汚臭をカモフラージュしてくれますので、おいしそうな人間が歩み寄るまで気楽に待ちましょう。

7. 樹木の後ろ ここで大事なのはあなたよりも幅が大きい木を見つけることです。あなたの図体よりやや小さめの幹ですとあまり効果がありません。

8. 下水 雨水管地下水路、野外水路、排水溝は、交通量の多い駐車場や歩道につながっていることが多く、その中で横たわって待っていればおいしいスナックが歩み寄ってくれるかもしれません。ただし、ゴミ箱と同じように、汚水の臭いがあなたのゾンビ嗅覚を減退させる可能性があります。

9. 離れ・収納小屋・納屋 野外に設置された小屋、トイレ、ニワトリ小屋、そして犬小屋も潜むのにぴったりです。愛犬が裏庭で吠え出せば、ほぼ確実に人間が確認しようと出てきます。戸を開けたら、この世のものとは思えない地獄をプレゼントしてあげましょう。

10. 墓地 あまりにもお約束とお思いでしょうが、ちょっと考えてみてください。墓場には身を隠す墓石が無数にあります。やがて誰かが自らの墓穴を掘る調子でやってくるので、喜んでお手伝いしましょう。

人類構造物

騒乱がうまく進めば、政府の高官によって警報が発令されたり、場合によっては感染地域に対して強制隔離命令が下るかもしれません。そうなれば多くの人間はホットスポット(感染地域)に取り残されます。その際多くの人間は、安心できそうな住居や商業施設の中に立てこもりはじめます。孤立した農家の一軒家から市街地の酒場まで、我々ゾンビはこれらの構造物に対して酸素消費者が編み出したみすぼらしい防御策を無力化し、うまく突入する戦術を把握しなければいけません。

[住居]

住居とは人間が住まいを構える構造物の総称で、その形態や大きさは色々です。しかし多様に見える住居も、出入り口・窓・屋根・トイレなどいくつかの構造的共通点があります。金持ちの豪邸から浮浪者の段ボール箱にいたるまで、生者の生理的・感情的欲求を満足させるのを念頭に住居は設計されているのです。

人間は侵入者の防止を設計の一部に組みこんでいますが、ゾンビ・パンデミックの時はさらなる防御策を追加し、感染者を拒む要塞化を試みます。しかし日曜大工程度の腕前しか持ち合わせていないブリーザーらでは、窓・出入り口に板を打ちつけたり、柵を追加したりするくらいしかできないでしょう。酸素消費者の中にはなるべく息を殺し、察知されないよう注意する者もいれば、大っぴらに武器を使って積極的に防御を試みる者もいます。経験を積んだ不死の尖兵《せんぺい》ならば、これらほとんどの防衛手段を無力化できます。また、これら防衛策がほどこされていれば、そこに人間が巣喰っている証拠です。

次のふたつのイラストを見比べてください。両方とも1世帯が在住する一戸建てを表したものですが、Ⓐの方は一目で侵入を困難にさせるような改造が行われているのがわかります。ゾンビ大発生への対策をほどこした形跡が確認できます。この住居の中には人間とその愛する家族だけではなく、周囲の避難民がいる可能性が非常に高いです。

住居Ⓑは随分異なります。誰かによって荒らされた痕跡が顕著ですし、開いたままのドアや壊れた窓など、破損が目立ちます。暖かい食事を囲んでいる可能性はかなり低いといえるでしょう。この住まいへの侵入経路がすべて解放されているため、中に生者がいたとしても完全に無防備です。

結論からいうとあなたの関心は住居Ⓐに向けるべきです。しかしこのような要塞化された住居を一体どうやって攻略すれば良いのでしょうか。次のような検討をしましょう。

❶メリーゾンビ! アンデッド・サンタの季節かもしれません。自由に脱臼可能な関節はありがたいですし、腐敗したからだが多少縮小しているのも煙突から侵入する助けになります。煙の匂いがしたら、即座に作戦を中止して退避しましょう。下の暖炉があなたの腐ったケツをバーベキューにしてしまう可能性があります。ゾンビライフの終止符となりかねないので、注意を怠ってはいけません。

❷からだの器用さが大きく減退した今、2階の窓へとよじ登るのは困難かもしれません。人間どもは絶対不可能だと思いこんでいます。このため、2階の窓の防御はややなおざりになっている可能性が高く、ゾンビ・クライマー《登山家》にとっては安易な侵入ポイントとなっています。

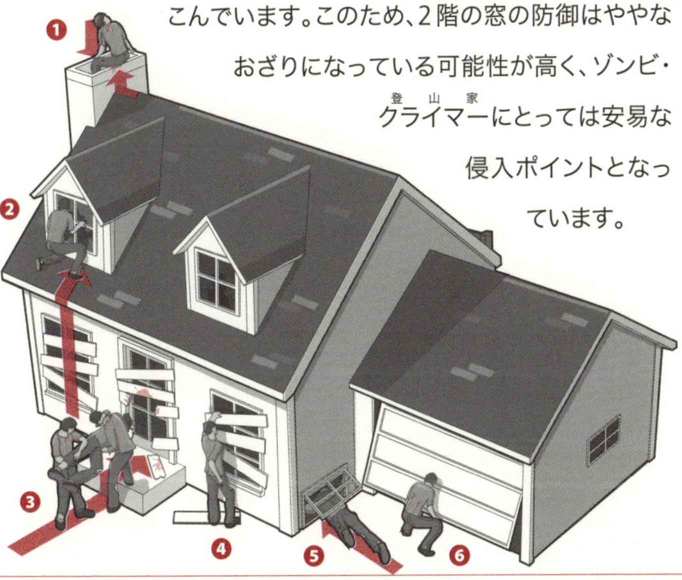

❸ふーふー息を吹きつけても家は吹き飛びませんが、ゾンビ破城槌ならいけるかもしれません! 付近のアンデッドのボランティアを見つけるか、最近ゾンビの餌食になった死体を使ってドアを打ち破りましょう。

❹ゾンビ大発生時、信頼できる大工さんはなかなか見つかりません。一見堅牢そうに見える板が打ちつけられている窓も、もしかすると釘の数が全然足りないかもしれません。とりあえず力任せに板を引っ張ってみましょう。簡単に引っぺがせるかもしれません。

❺ホラー映画定番の、地下室の窓からの侵入です。危機が生じると人間は、地上階については即座に注意を払いますが、地下室の防御をないがしろにしているのも珍しくありません。低い位置にある窓を見つけたら、ガラスを破ってそのまま這って押し入るか力任せに滑り込みましょう。

❻いつ建造されたのか、どんな構造をしているのかで違いはありますが、そのままガレージの扉を開けられるかもしれません。たとえ車庫の中に車がなくても、まずは気にせず家の中へと押し入りましょう。ガレージが空っぽでも家の中がそうとは限りません。

❼車庫の窓も対策がほどこされていない箇所かもしれません。押したり引いたり横に滑らせたりできないか色々試して見ましょう。うんともすんともいわない場合はとりあえず力任せに叩きましょう。ガラ

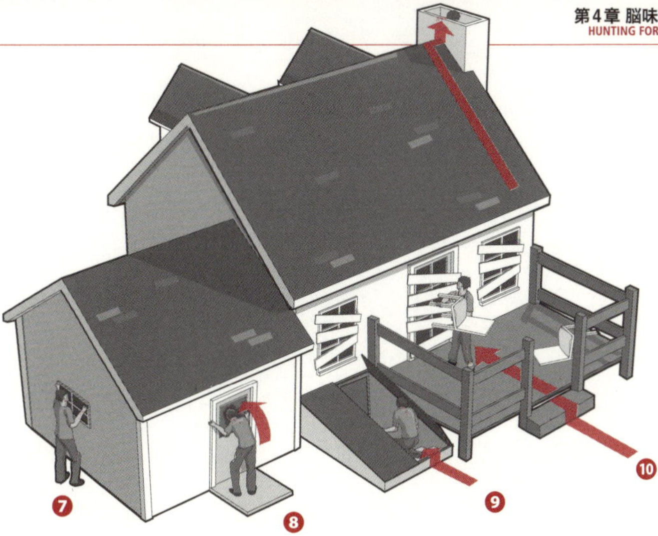

スが割れる音で、中の人間が恐れをなして飛び出してくるかもしれません。

❽ゾンビヘッドアタックで、ガレージ裏の扉の窓をぶちやぶりましょう。何度か頭突きを繰り返し、そのまま中へと倒れこんでしまえばこちらのものです。

❾家の構造によっては、裏手から地下室へと導く出入り口があるかもしれません。奇襲にはもってこいです。

❿守りを打ち破るのに使えそうなものはなんでも使いましょう。テラスに置かれた家具・レンガ・岩・鉢・ちぎれた体肢など、庭に放置されている物体を使えば、窓を破るのは造作もないはずです。

[商業施設]

さて、脳味噌ファミリーがご在宅ではない場合はどうするか。我々としては都市部に用意されているダウンタウン・ブレイン・メニューをおすすめします。都市には、簡単な小売店から空高くそびえ立つ超高層ビル、カビ臭い工場までが多数乱立しており、ゾンビウィルスの爆発的な感染が発生すれば、どれもこれも脳味噌が好きこのんで逃げこむ場所となります。小売店には人間が必要とする食料やさまざまな備蓄がありますし、高層ビルは最新のセキュリティシステムで人間を安心させるようです。大きな工場の鉄格子と鉄板を組みこんだドアなども魅力的なのでしょう。

包囲殲滅戦の折、大きなドアの後ろで何があなたを待ち受けているのかは神のみぞ知るです。そこはビール工場かもしれませんし、もしかして武器生産ラインかもしれません。たとえ完全な謎に包まれていても、あなたが諦める理由は何ひとつありません。商業施設は莫大な床面積を誇っていることが多く、出入り口もたくさんあるのが一般的で、防御がより困難になります。住宅よりも侵入が容易なうえ、平均的な一戸建てでは想像できないような、膨大な数の脳髄があなたを待ちわびているのかもしれません。

ゾンビにとって商業施設への侵入はさまざまな戦術を発揮する機会になります。

❶ガラスを絶え間なく小突きましょう。ブリーザーはその音が大好

きです。自分のからだか適当な物体を使って受付付近の窓ガラスを打ち破り、中への侵入を試みましょう。場合によってはそのビルは生前のあなたの職場だったかもしれません。首から下げたカードキーをドア付近の物体になすりつけたりしてみましょう。

❷住宅地の下水道とは違い、商業施設周りの下水はあなたが通るには充分な大きさのはずです。施設付近のマンホールの蓋や雨水管の鉄格子を外して中に入れば、地下からの侵入経路を確保できるかもしれません。しかし下水を活用した戦術には充分な注意が必要です。地下で迷ってしまった場合、以前よりも遥かにひどい悪臭に包まれた状態となり、数ヶ月もかかって遠く離れたところで地上へ這い出るような結果になるかもしれません。

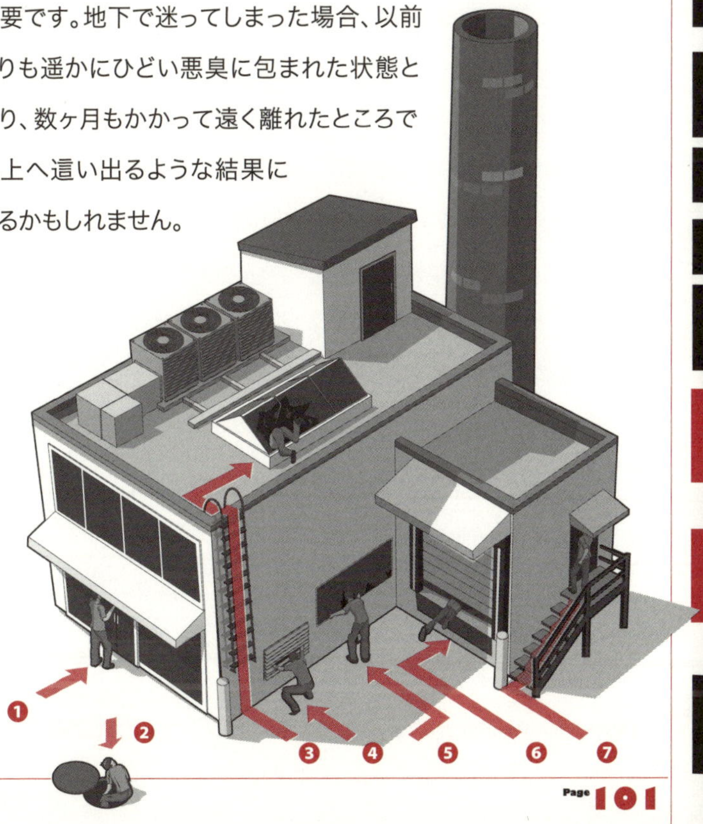

❸ゾンビは８人に１人の割合で避難用梯子を昇ることができます（詳しくは105ページの「梯子」の項目をご参照ください）。その能力がそなわっているのであれば、是非とも屋根へとよじ登り、屋上出入り口を使うか、そのまま天窓へと倒れこんで押し入りましょう。

❹通風孔こそもっとも無防備な出入り口。手ごろな大きさの換気口を見つけたら力ずくでこじあけましょう。中に侵入し、そのままブリキのトンネルを突き進めばやがては光と脳味噌があなたを出迎えてくれます。さらに運が良ければからだの重さに耐えられず、そのまま通風孔が崩れ落ちるかもしれません。

❺商業施設の窓ガラスの厚みは、場所と用途によってかなり異なります。ほとんどのガラスは破砕可能ですが、金融機関の窓は例外で、ゾンビの力ではどうにもなりません。

❻資材搬入口のシャッターのラバーフラップ部分にからだをねじこませるなどして中に押し入り、そのまま施設の倉庫に侵入しましょう。我々がこの出入り口を活用するとはまったく予想していないはずなので、連中もたいした抵抗ができないでしょう。

❼開いたままの非常口はゾンビに「どうぞどうぞ」と叫んでいるようなもの。ただし、非常口がしっかりと閉じられている場合は、こじあけることはほぼ不可能です。消防法によって非常口のガラスは網入りを使うのが規定されているため、全体的な強度は防犯扉並です。

[その他の人間のインフラ構造物]

ここでひとまず脳味噌への衝動を抑え、先々について考える必要があります。しばらくすれば、人類はゾンビ侵略に立ち向かうために斬新な対ゾンビ武器や装備の開発を試みます。これらの開発には、安定供給される電気やラジオ・携帯電話などの通信機材が必要になります。これらに支障を起こせれば、あなたと不死の軍団はより安泰です。

たとえば地元の原子力発電所に襲いかかるメリットをご検討ください。そこにいる職員を食べてしまえば、自動的に起動する安全装置で発電機能が停止するか、メルトダウンが発生して広範囲に放射能災害を起こせます。どちらにしても発電所の電力供給機能は停止し、広い地域に影響を与えることができます。発電所の損傷を確認しようと、感染地域の中へとより多くの人間を呼び込むことができるかもしれません。

その他の電力関係のインフラ設備は原発ほど脆弱ではないかもしれませんが、ダメージを与えるのは難しくありません。送電線・送受信アンテナ・携帯電話の中継局などを探しだして、電線をかじり

ちぎれば損傷させられるはずです。多少の警戒心が残っているアンデッドの中には、感電の危険を心配する者もいるかもしれませんが、大丈夫です。脆弱なブリーザーが感電すると神経細胞の破損、言語障害、記憶喪失、呼吸不全、心不全といった生理的機能不全を起こします。これらはすべてあなたが既に患っている症状ですから心配ご無用です！ 体内から水分が多く抜け出ている乾燥状態でさえなければ、高圧電流による発火の可能性はありません。

以上を踏まえて上記の公共設備を見つけたらゾンビ的破壊の限りを尽くしましょう。

あなたを待ち受ける障害物

狩りの途中、あなたはゾンビを困らせる多数の物体や道具、環境に遭遇します。魅惑的な輝きであなたを虜《とりこ》にするものもあれば、その操作の難しさからあなたを激昂させるものもあるでしょう。これらの障害物をうまく克服できるかできないかで、ほっかほかのBLT（ブレイン・肝臓《レバー》・筋肉《テンドン》）のごちそうを楽しめるか、それとも公園に残された小動物を空しく残飯代わりに食べる羽目になるかが分かれます。次の図を見て、よく勉強しましょう。

[ドアノブ]

様式や場所によって異なりますが、扉の取っ手のおおよその役割は閉じた扉の開閉を制御することにあります。閉じたドアに遭遇した

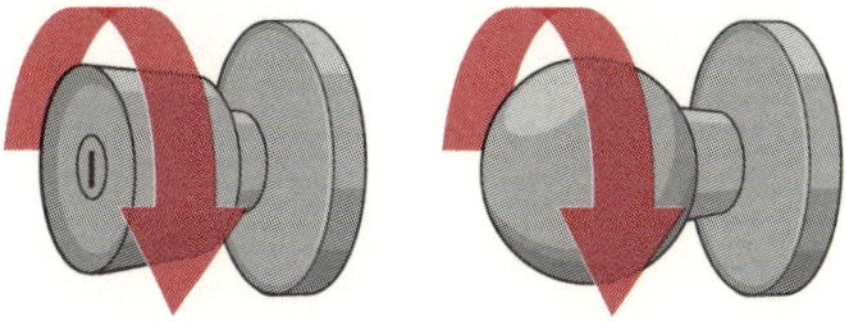

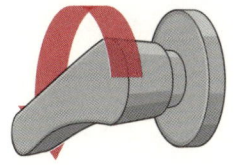

時に、本能的に叩きつけたい衝動に駆られるでしょう。木製のドアは割れたり、木片の棘《とげ》が突き出たりします。ガラスのドアは砕け割れます。ひたすら叩きつけても突破できない場合は上記の図のようにノブを回転させてみましょう。成功には個人差がありますのであらかじめご了承ください。

[梯子]

ゾンビは皆平等な能力を持つというわけではありません。梯子や似たような構造物を克服できるゾンビは8人に1人の割合です。梯子の段数によっては攻略が困難になるかもしれません。ゾンビの器用さは十人十色です。もしあなたか群れの中の誰かが梯子を上れるのであれば、是非ともその能力をフルに発揮させましょう。火災避難用の梯子や機材・設備の点検用の梯子は多くの建物にそなえられており、おいしい脳味噌への大事な道筋となってくれることでしょう。

[階段]

ほとんどのゾンビは腕や脚をくるくる動かすことで階段を登ることができます。そもそも階段を登る程度の器用さがないと死後起き上

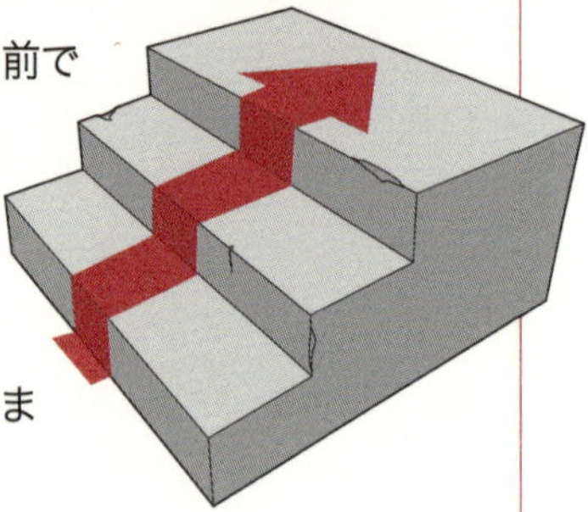

がること自体が不可能ですから、当たり前ですね。ただし階段を登るにつれ平衡感覚の悪さから転倒するかもしれません。たいした身体障害にはつながらないはずですので、ほこりを落としてそのまま追跡を続けましょう。

人間でも簡単に木製の階段を破砕することはできませんが、階段の上に障害物を設置することはできます。これらの障害物に出くわした場合、最善の努力をもってして力任せに壊すか、その上をおもむろに飛び越えてしまいましょう。

[柵]

柵とか本当に勘弁してもらいたいものです。こういった囲いの主な目的は人間やゾンビの出入りを制限することにあります。よじ登るのは面白そうですが、大抵のゾンビの運動能力では無理でしょう。やはりここはごり押しがもっとも効果的です。あなたの身長と同程度かそれ以下の柵で、木製の場合は難なく突破できるでしょう。しかし金網の場合は別です。移動設置式のもあれば上部に有刺鉄線がほどこされたタイプもあ

りますが、これらを打ち破るのはほぼ不可能です。迂回することをおすすめします。

[樹木]

人間が難を逃れて樹木へとよじ登った場合、ゾンビは恐らく追跡できません。でも気にしないでください。よじ登る必要がないのです。辛抱強く下で待ち伏せていれば、やがて生者は飢えて木から降りてきます。木の中にたいした量の食料など備蓄できるはずありません。呻き声を盛んに繰り広げていれば、たくさんのアンデッドが寄り添い、そのまま組み重なり合うことで獲物に手が届くようになるかもしれません。

[縄]

ゾンビは縄登りできません。生前の体育の授業中に夢想したくだらないことを実践したいわけでもない限り、試みる理由もありません。第一そんなに焦る理由がないのです。登ったモノは必ず降りてくるのが自然の摂理。手ごろな人間が付近に出没した場合は別として、そのまま待機を続けましょう。獲物は永久にぶら下がり続けることはできません。

地形環境

狩りを進めていくうちになじみのない地域へと行き着くかもしれません。その地域の気候がとても寒かったり暑かったり、湿度のとても高い場所だったりすると、ゾンビのからだは重大な影響を受けます。ゾンビ未踏の地へと進む前に、以下の危険を熟知しましょう。

気温と身体能力の相関関係

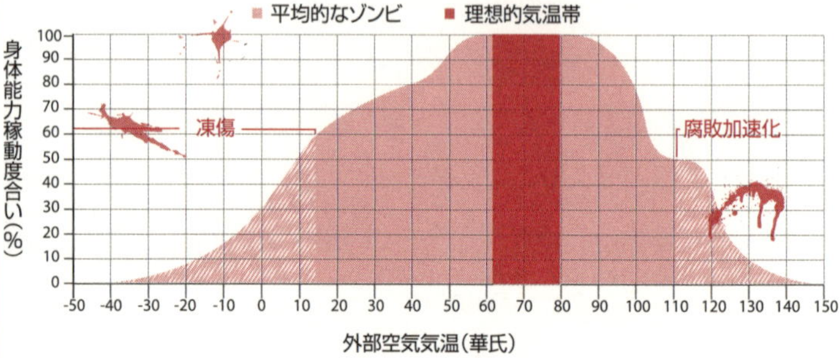

[寒冷地帯]

ベーリング地峡災害をおぼえていますか(25ページをご参照ください)? 寒い場所を歩く時、雪を掻きわけるのが面倒などまだまだ序の口です。

ゾンビウィルスは体温を一定に保つのに非常に優れており、華氏70°F(摂氏21°C)前後の温度を維持できますが、この温度制御機能は気温が下がるにつれ減退します。気温がかなり低くなってくると、ウィルスはあなたの細胞吸収と腐敗を加速させることで体内温度を少しでも高めようとします。これが長期間にわたると筋肉は反応しにくくなり、伸縮性が減少し、平衡感覚がおかしくなるなど、からだ全体の身体機能が鈍ってきます。この影響で移動速度は半分にまで落ち込み、こうなると食料を追い求めるのが困難となります。そのまま移動不可能な状態へと腐敗が進む可能性がありますのでお気をつけください。

摂氏−9.4℃以下の極度の寒さでは、あなたの身体部位に一種の身体崩壊現象である凍傷が発生する可能性がありますが、体肢は凍り落ちたりしない限りはそのまま使えるはずです。まぶたが寒さで開けられなくならない限り、心配いりません。しかしそれほどの寒さとなると、からだが全体的に冷え固まってしまいます。48時間以上にわたって冷凍状態が続いたゾンビのからだは、解凍しても回復できないまでに劣化してしまいます。これは凍結の際、体内細胞の水分が凍って膨らみ、細胞壁を壊してしまい、解凍した後も力が入らない状態になってしまうためです。

[灼熱地帯]

摂氏43.3℃以上の猛暑もまたからだへ影響を及ぼします。地上の一部の地域では、気温が驚きの摂氏65.5℃まであがるところがあります。さて、気温があがるとどのような影響があるか。湿度の高い環境で分子が温まると、より活発に動き回るようになり、これが細胞崩壊へとつながります。湿度の高さによっては、温度があがるにつれ腐敗の速度が倍になることもありえます。こうなると普段の倍の量の養分が必要となり、その分だけ人肉の摂取を増やさなければなりません（詳しくは163ページの「人間献立」の項目をご参照ください）。逆に温度が高くて湿度が低い場合、腐敗が停止します。これは大変望ましい状態ですので、よくおぼえておきましょう。

[水辺]

プールで走ると注意してくる連中をおぼえていますか？ ああ、もう食べちゃいましたか。結構です。

　さて、これまでに水分と湿度が細胞崩壊を加速させるのを学びましたが、遊泳はどんな影響があるのでしょうか。水中で長時間過ごしたアンデッドは、急激な腐敗を迎えます。あなたの有毒皮膚がふやけ出したら危険信号です。なるべく乾いたままの状態を維持しましょう。水に浸かったままでいるのを避けるだけでなく、雨に長い間さらされるのもよろしくありません。また、下水や地中の通路などを長時間放浪するのも腐敗を加速させるのでなるべく避けましょう。

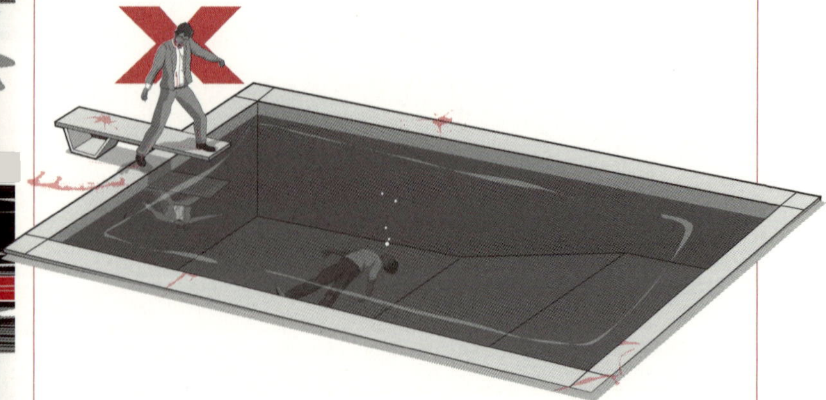

人間見つけました——どうすればいいの？

ここまでで狩猟の基本を学習することができました。やがてあなたにとって最初の人間に出会えます。素晴らしいですね。これがゾンビの醍醐味というものです。

まずは大きな呻き声をあげて、仲間のアンデッドにおいしい夕食が確保できたことを宣言しましょう。あっという間に不死の軍団が動きを転じ、あなたが見つけた獲物へと群がってきます。

第5章
交通手段

chapter 5
TRANSPORTATION

昔のアナクロで頑固者だったゾンビは、生者の社会のテクノロジーの進化に目を向けようとしませんでした。彼らはこともあろうに、自動車の重要性を過小評価していたのです。自動車こそ人類の移動・運搬手段の大幅な技術発達の結実であり、ゾンビは絶え間なくこれらと対峙しなくていけません。この世の路上に7億台近く徘徊する「自動車」なる怪物に人間は首ったけです。ゾンビ大量発生ともなるとゾンビの攻撃から身を守るのに有効で、感染が蔓延している地域から脱出するのに欠かせないことから、人間の自動車への固執はより顕著になります。あなたの獲物が近代テクノロジーを全否定した宗教集団・アーミッシュの一員でもない限り、軽馬車戦車《チャリオット》や駅馬車に対して有効だった襲撃手段は役立ちません。アンデッドは自動車を無力化する手段を学ばなければならないのです。

酸素消費者は自分たちが操る自動車にゾンビは一切かなわないと喧伝しますが、これは完全な欺瞞《ぎまん》であり、実際には多くの弱点があります!

- 国産車・外車を問わず、多くの車は最小限の代価でとめることができます（以下の「どうやって自動車をとめるか」の項目をご参照ください）。

- 入手した情報によれば、自動車はすべて燃料に依存しており、そのため活動範囲が限られています。

自動車は複雑な機械です。中を見てみましょう。頭が痛くなりますね。この技術的複雑さゆえ、よく故障します。さらにありがたいことに、典型的な人間は自動車の修理ができません。

ほとんどの自動車は起動するのに「キー」なるものが必要です。パニック状態の人間はキーを持たないまま、車へと走り寄ります。

車は騒音の固まりです。ゾンビはそのエンジン音やマフラーの震動音を遠くから聞き分けることができます。

どうやって自動車をとめるか

さてここで質問です。車をとめるのにゾンビは何体必要でしょうか? 答えは簡単。一体で充分です。ここでジョークを期待していたら申し訳ありませんが、ゾンビからユーモアを期待すること自体が間違っています。しかし冗談じゃないのは人間の運転です。道ばたに散乱するひき殺された小動物の死体を見れば明らかですが、人間は邪魔と思ったモノのためにはとまりません。ゾンビも同じです。しかし、良い頃合を見計らって走る車の前によろめき出れば、ひどい事故を簡単に起こせます。

問題はその代償です。車との衝突で頭部に重大な損傷が発生し、人間

を喰らう能力が大幅に低下するか、そもそも食事が不可能になってしまうかもしれません。そもそも車をとめるのは中にいる人間の脳をおいしくいただくのが目的ですから、それを念頭に立ち回り、交通事故のテスト用人形のような虐待を避けるようにしましょう。車両を停止させるおすすめの方法を以下に記しました。

[ジャンプ大作戦]

この戦術では、走行中の車のフロントガラスを突き破り、運転手の視界を遮ります。統計学的に見て、この戦術は人間の視力がいちばん低下する日没あたりに行うと成功率がもっとも高いです。相手への奇襲効果と成功の確率をより高めるため、なるべく狭い道で待ち伏せましょう。都市部でも郊外でも、道ばたの手ごろな遮蔽物の後ろでさとられないよう辛抱強く待ちましょう。車がこちらに迫ってくる音が聞こえたらチャンスです。車の進行方向のど真ん中へとヨロヨロと歩み出ましょう。ほとんど

のゾンビに跳躍する能力は残っていませんが、衝突の衝撃であなたの頭と胴体は飛翔する矢の如くフロントガラスへとめりこむはずです。これでドライバーはパニック状態となり、事故を起こすか、最低でも急ブレーキを踏むことになります。

ことわっておきますが、この作戦はとても危険です。車に向かってジャンプを試みたアンデッド５体のうち３体は頭部への重度の外傷を負ってしまいます。この戦術を試みる前にもう一度前に記した文章をよく読んで、危険性をよく理解しましょう。

[人海ブロック]

深刻なゾンビ・パンデミックがはじまった場合、弾薬・食料・その他の資材を酸素消費者防衛隊の最前線へと絶え間なく搬送する必要が生じます。この兵站《へいたん》のパイプラインはとても重

要な役割を果たしますので、アンデッドの大群で一時的にでもこの流れを寸断しましょう。ゾンビ人海バリケードは人類に対して充分な威嚇《いかく》効果があるだけでなく、包囲網突破を試みた者に速やかな死をもたらします。

感染した有毒な口と宙をさまよう手が数百も折り重なった不死の群集ならば、大抵の自動車をしとめ、その中で剥《む》かれて食べられるのを待っている脳の入手も容易です。しかしこの「死霊集団遮断作戦」にも弱点はあります。アンデッドが犠牲を払うのは必至ですので、群れの中のなるべく後部の位置を守りましょう。

[死霊警戒線]

制服には不思議な力があり、人間をドキドキさせて、注意をひきつけます。運が良ければあなたの群れの中にも、もっともらしい恰好をしている「元公僕」がいるかもしれません。非常事態時、頼りになりそうな制服組の恰好をしたアンデッドがパトカー・緊急車両などの公務車両

の隣に佇んでいると、人間は車をとめて救助を求めようとするのが数多く報告されています。放棄された公務車両を見つけることは造作もないので、是非とも実践してみましょう。

もちろん警官が「元警官」と気づいた時、運転手は車を急発進させようとしますが、愚かな人間が車をいったんとめるまでいかなくとも、速度を落とすだけで我々による襲撃が可能となります。好機が到来したら、警官ゾンビもその脇で待機していた死霊軍団も即座に攻撃を開始しましょう。

[ひき逃げ救助待ち]

ここで質問です。生前真面目に通っていた教会で読まれる聖書で紹介される「善きサマリア人」のことをおぼえていますか？ 牧師さんを食べちゃいましたか。そうですか。でもちょっと大事なことなので一所懸命思い出しましょう。助けを乞う人の介助は酸素消費者の当然の行いとされており、人類の法規にはそういったお人好しな行動を承認したり強要したりするのがあるくらいです。果たしてゾンビ大発生時にはどうでしょう。愚かな人間といえどもまず無視するでしょうが、この理念を逆手に使った手法を試してみる価値はあるかもしれません。

この戦術を成功させるにはソンビ化新参者で、なおかつ身支度がきれいなアンデッドの協力が不可欠です。まずうつぶせで道路に横たわってもらい、なるべく腐った皮膚が隠れるようにからだの位置を調整します。緑色の皮膚が露見しては一発でゾンビだとばれてしまいますので気をつけましょう。やがて感染地域から脱出を試みる車が接近するはずです。この時、囮のゾンビはからだを揺らす、または動かすことでまだ生きているような行動をとってください。運転手が車から歩み出て、介助を試みた時、即座に攻撃しましょう。しかし遁走中の運転手はあなたの行動をできすぎたトリックと判断して、駄目押しの轢殺《れきさつ》を試みる可能性がありますから、横たわる場所はなるべく道脇にしましょう。

[カー・チェイス]

車を追いまわすなど犬のやることだと思っていませんか? 四足にできて二足歩行動物にできないことはありません。運転中の人間を追いまわすなど徒労に等しいとお思いでしょうが、うまくいけば簡単に獲物をしとめることができます。アンデッド軍団が力を合わせれば、ハリウッド映画顔負けの大事故を起こせるかもしれないのです。路上に障害物が多数ある状況やカーブが多い場所ほど、事故

誘発の成功率が向上します。

追いまわす車の速度次第では、あなたの筋肉がバラバラになってしまうかもしれません。その後の行動に大きな支障をきたしますから、無理をしないように気をつけましょう。また逃走車の中から射撃を試みる輩も、まぐれで弾を命中させる可能性がありますのでご注意ください(詳しくは140ページの「弾避けの極意」の項目をご参照ください)。

狼人間ゾンビは車両追跡に抜群の能力を発揮します。時速88キロまでならば重大な筋肉損傷を起こさずに走れると報告されています。

脳味噌引き抜き

おお、なんとか車をとめることができましたか。それでは獲物を車の中から引きずり出さないといけません。一般的な乗用車の外装を打ち破るのは容易です。

❶フロンドガラス・ヘッドバット 車両のとめ方次第では、既にあなたの上半身はフロントガラスにめりこんでいるかもしれません。ガチガチガチと口を開閉させ歯を鳴らせば、あっというまに全員下車。追いかけっこのはじまりです。

❷横窓スイングバック 可能ならばサイドウインドウを打ち壊しましょう。獲物をつかんだら、そのまま壊れたガラスにかまわず、引っ張り出します。相手の流血でエキサイトできるという素敵なボーナスつきです(なお、134ページの「つかみ技」の項目もあわせて参考にすると良いでしょう)。

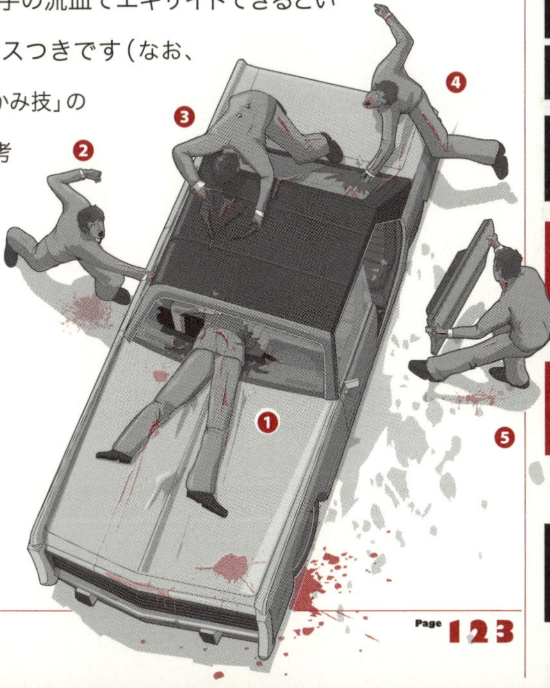

❸ルーフ・パンチ
とめた車は折り畳み屋根つきのオープンカーですか? 折り畳み

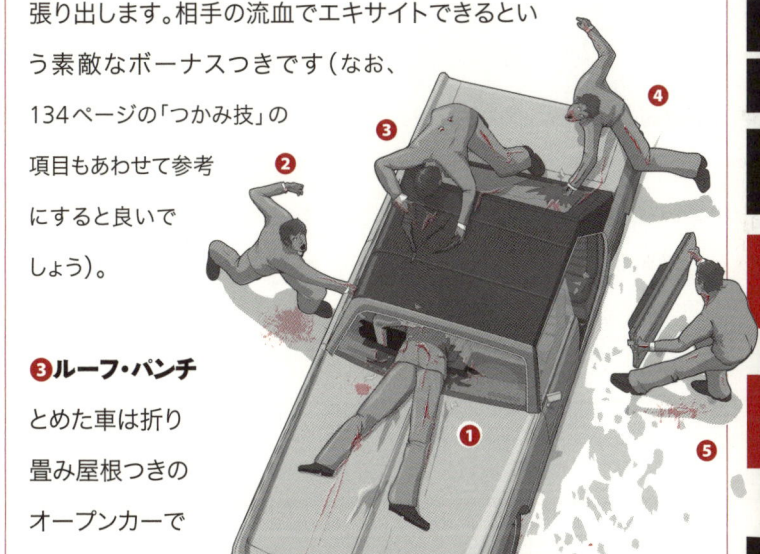

式の屋根は、大概合成皮革か布キャンバスでできています。引っ掻いたり噛みついたりすれば簡単に引き裂くことができます。

❹後窓アタック 事故のせいで壊れていたり、銃撃で撃ち抜かれていることが多いリア・ウインドウですが、後部座席へと押し入るにはもってこいです。中に入ったら首筋を狙いましょう。

❺面倒なドアを引っぺがせ 事故でドアの立てつけが悪くなっているかもしれません。グイっと引っ張ってみましょう。酸素消費者を怖がらせるのに、扉を引っぺがすのは大変有効です。車以外でも実践してみましょう。

ヒッチハイク指南

お出かけですか? 脳味噌狩りも不作が続くとつらくなってきますね。ブリーザーを次々始末してしまうと、脳髄資源は枯渇し、補充も期待できません。こうなったら新天地をめざしましょう。警備が手薄な車にうまく紛れこめれば、そのまま新たな狩場でゾンビデビューすることができるかもしれません。

ゾンビ・パンデミック発生時、ほとんどの車は避難キャンプや感染していない地域へと向かうのが予想できます。どちらも新鮮な人肉でいっぱいです。ちょっとした幸運に恵まれれば、見渡す限り新鮮な脳に溢れた約束の地へとたどりつけるかもしれません。ゾンビがヒッチハイクするのに参考になりそうなメモをまとめました。

[屋根サーフィン]

一番重要なことは車両の大きさです。とにかく大きければ大きいほど良いです。配達トラック、バス、セミトレーラーあたりであれば、上でゆっくりするのに充分な広さがあります。後部から屋根へとよじ登る、またはどこか上から着地した後、気づかれないように静かにしていましょう。大量の脳味噌がうごめいているのが見えたり、聞こえたり、嗅ぎとれたりするまで旅路を続けましょう。良さそうな場所を見つけたら、ルーフから転げ落ちてお仕事スタートです。

[車コバンザメ]

運転手がコンビニで物をあさったり、道ばたで排泄行為を行っている最中に車両の下へと這って、適当な箇所をつかみ、身体を地面から起こします。ブリーザーがブリーザー的用事を済ませたら、そのまま車へと舞い戻り運転を再開するはずです。この状態ですとあなたのからだが路面に大きく削られてしまう可能性がありますが、そのリスクに見合う見返りもあります。やがて非常線を突破し、

酸素消費者の根城へと到達できるでしょう。生者が「安全地帯」と思いこんでいる場所にたどりついたら、存分に阿鼻叫喚《あびきょうかん》の騒ぎを引き起こしてください。

[バンパー引きずり]

何事も目立たずひっそりやるのは苦手なのがゾンビです。今更じたばたしてもはじまりません。このかたちで移動すると、近くを走る車の運転手に即座に見つかってしまいますが、かまうことはありません。可能な限り長時間しがみつき、出来るだけ移動を試みましょう。途中、車の揺れや路面との接触で引き離されそうになるでしょうが、移動できればその分だけ歩く苦労が減ります。一言ご注意を——大事な靴を履くのはやめておきましょう。なくなる可能性が高いです。

[貨物庫]

トラック、列車、飛行機、船などはすべて貨物庫をそなえています。通常、貨物庫の中で生者が移動をするわけではないので、大抵警備は手薄です。長距離移動を目的とした密航をするのにもってこいです。目的地にたどりつく途中の保安チェックで見つからないよう、荷物の陰か中に身を隠しましょう。最終目的地で何をするのかはあなたご自身が決めることですが、僭越ながら当方としましては、より多くの酸素消費者を恐怖のどん底へと叩き落すのをおすすめします。

相乗り御免

一部の車両は用途が特殊で、一般市民は運転していません。これらの車両の多くは堅牢に設計されており、人間の防衛を目的とした武器や機材を装備している可能性があります。

これまでご紹介した車両の足止め術はこれらの特殊車両に対して一部有効ですが、全体的にはあまり効果がありません。戦車、現金輸送車などの装甲がほどこされた車両、除雪車などに対峙した場合、ゾンビ側の被害は急増します。が、悪い知らせばかりではありません。やがては燃料の補給か、食べ物・飲み物を確保するためにブリーザーが車両の中から出てきます。そうなれば我々のターンとなるわけです。

次のページに掲載された図表をよく勉強しておきましょう。これらの車両に近づく場合、通常以上に警戒してください。

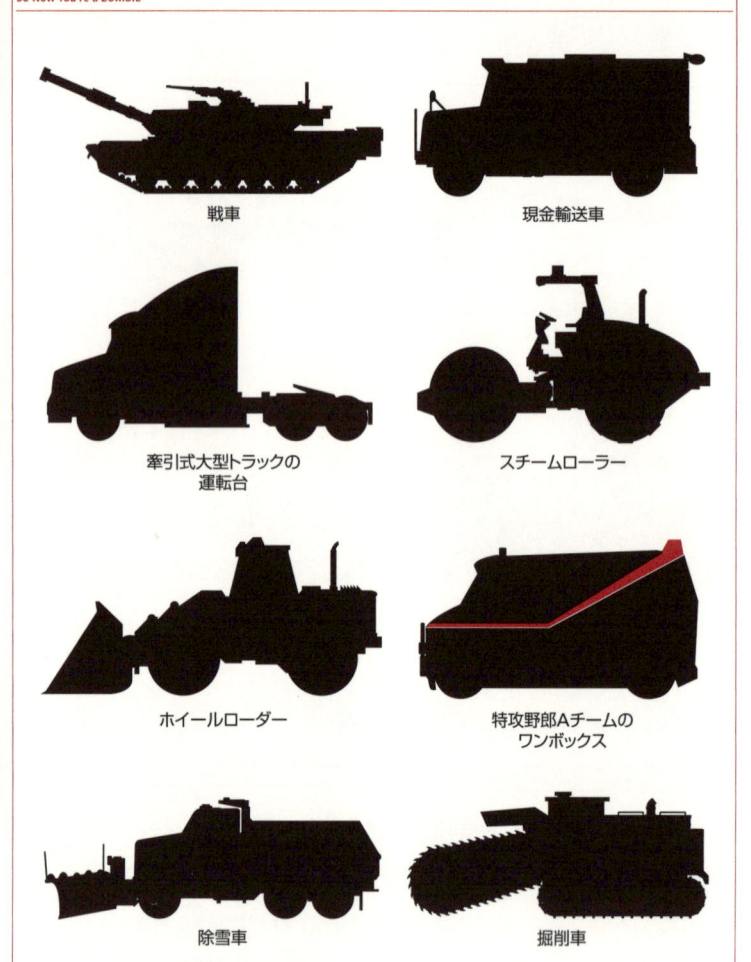

戦車

現金輸送車

牽引式大型トラックの
運転台

スチームローラー

ホイールローダー

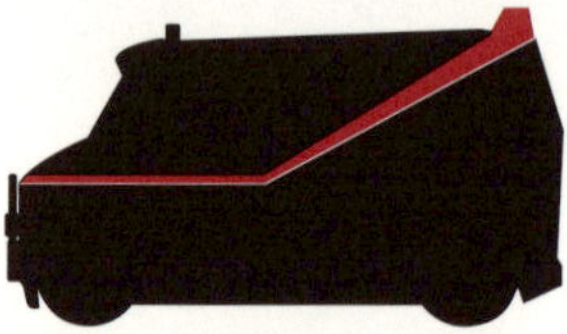

特攻野郎Aチームの
ワンボックス

除雪車

掘削車

単脳車

単脳車は小さくてすばしっこく、捕まえるのが大変です。全地形型車両(ATV)やオフロードバイクや大きくて真っ赤な三輪車などは、色々な地形で走行できるように設計されています。機動性は高いですが、運転手が剥き出しの状態での運転となるので襲撃は容易です。乗り手を引きずりおろしたり、顔に射出嘔吐を浴びせ視界を奪うことができます。場合によっては指一本触れることなく相手を落車させることも可能です――基礎的な恐怖示威行動を行うだけで運転手は注意力が散漫になり、そのまま操作ミスをするか、バランスを崩して事故を起こすことになるのです。

これらの車両は大きさの制約があるため、ヒッチハイクするのは不可能です。

全地形型車両

スノーモービル

オフロードバイク

モーターバイク

原付

自転車

第6章
攻撃の作法

chapter 6
ATTACKING

これまで紹介した狩猟術を駆使すれば、あなたは脳細胞たっぷりの標的を追いつめられるはずです。問題は次どうするか。生きている人間を倒すには、それ相応の戦術を用いなければいけません。

人類のほとんどは対ゾンビ武道を修得していないため、大多数の酸素消費者はアンデッドの大群にやがては屈します。しかし、生者との戦いは危険を伴わないわけでありません。人間は強烈な生存本能を持っており、興奮するとアドレナリンなどの分泌により普段からは想像できないような力を発揮し、時には百戦練磨の屈強なゾンビの虚を突くことすらあります。アンデッドよりやや器用であるブリーザーはその場にある物を即席の武器としてかまえ、想定外の手法で戦闘を試みるような状況もあることをあらかじめ覚悟しましょう。撃たれたり、燃やされたり、先の尖がったモノで突き刺されても驚かないようにしてください。

しかしゾンビのほとんどは攻撃する際、相手の反撃やこうむるダメージについて目算を立てず、ただひたすら襲いかかります。これまでのアンデッドの経験から、これは最善の手法ではないと結論せざるをえません。我々の不死の身体は傷を負っても癒えるわけではないので、自分の身を守るということがとても重要なのです。

「相手の正体にかまわず容赦なく噛み殺せ」がアンデッドの本能であることはいうまでもありません。しかしそのまま注意を怠ると、墓穴を掘ることになります。簡単な自衛術やアンデッド体術をマスターすれば、人間を驚かせるだけでなく、群れの仲間たちから賞賛されることでしょう。

「何も恐れることなかれ、攻撃あるのみ」

つかみ技

がんばって見つけた獲物です。みすみす逃がすのはもったいない。相手を餌食にする基本は、まず歯向かえないように抑えるところからはじまります。きちんと相手をつかんで抑えれば、この章の中で解説するほかの攻撃へとつなぐことができます。下記のイラストを参照してもっとも効果的なつかみ技の4つをマスターしましょう。噛みつき、頭髪つかみ、腕抑え、それと脚つかみです。

全身ゾンビ武器術

あなたのからだには、生者に対して有効な武器が満載です。また、あなたの血肉はウィルスを人間に感染させやすいということを忘れてはいけません。ゾンビウィルスに感染すれば、相手は色々な惨たらしい症状を患い、あなたへの物理的抵抗が弱まります。こうなればおいしくいただくのがラクチンです。相手を噛む、つばを飛ばす、血液か吐瀉物をかけるなどでウィルス感染をより確実にすることができます。

次のイラストであなたのからだの有効な武器を並べました。

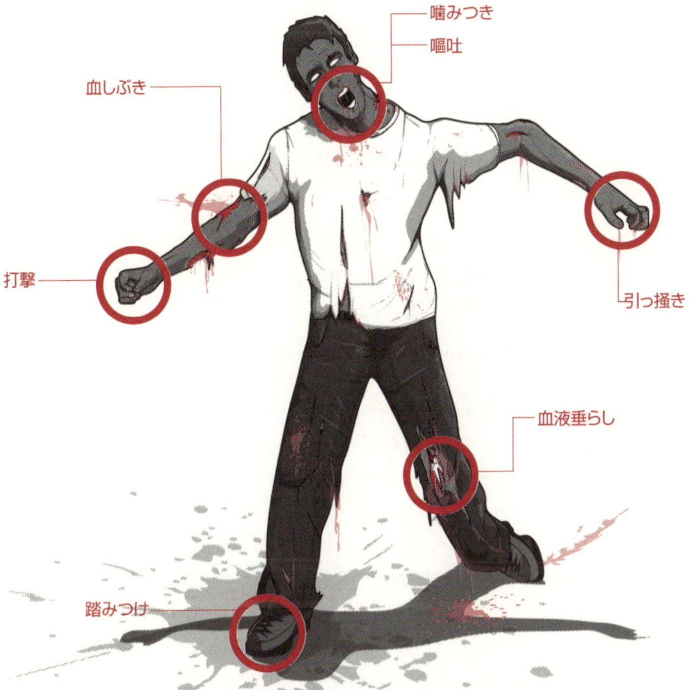

[噛みつき]

呻くより噛むが易し！ 相手の肉に、皮膚が裂けるまで強く噛みつきましょう。これによって体液感染が発生します。あなたがかなり腐敗の進んだゾンビの場合、歯が抜けてしまっているかもしれません。腐った歯茎《はぐき》のみでは人間の皮膚を破ることができない可能性があり、こうなると口による攻撃の威力はかなり失われてしまいます。

[射出嘔吐]

胃の中の有毒な液体を吐きかければ、遠距離からの攻撃ができます。吐瀉物を浴びた人間は感染して力が弱まるだけでなく、足元がふらついたり、気持ち悪くなったり、一時的に視力をなくしたりするかもしれません。ゾンビ４体のうち１体は6〜7フィート（2メートル）近くまで射出嘔吐が可能です。

射出嘔吐 有効射程距離表

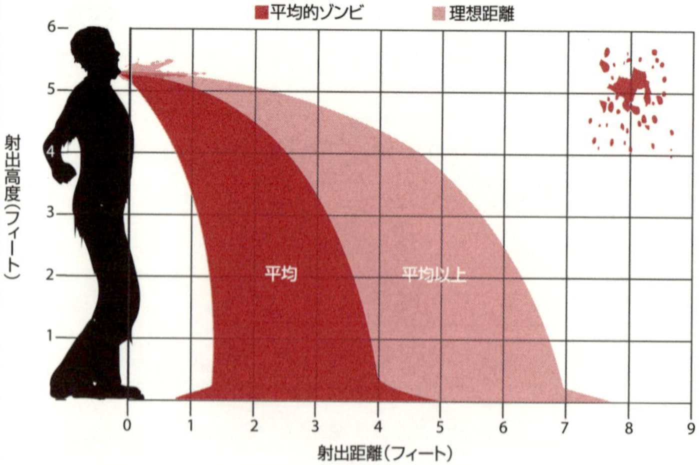

[引っ掻き]

あなたの指の先にあるのが爪です。これはケラチンという硬いタンパク質でできています。ゾンビ的活動をしているうちに、いつのまにか良い具合に爪が割れたり角が欠けたりして、さらに鋭利となり、獲物の柔肌を突き刺すのが簡単になります。相手を仕留めるためにも、なるべくたくさん引っ掻いて、出来るだけたくさん出血を起こさせましょう。

引っ掻き場所としては首元付近を狙ってください。うまく頚動脈から出血を起こせれば、瞬く間に失血死させられます。顔を引っ掻くことで相手の視界を奪うのも有効ですし、うまくすれば脳震盪を起こせるかもしれません。

腐敗が進むとやがて爪は抜けおちてしまいます。爪があるうちに最大限有効利用しましょう。

ゾンビ用白兵戦武器

一部のゾンビは生体兵器(自身のからだ)を使うほかにも、原始的な武器をオプションで装備できます。チンパンジーができるのですから、ゾンビにもできるでしょう。

より高度な武器は学習と訓練が必要です。つまり、ゾンビの手にあまります。しかし接近戦を前提とした武器ならば、技術的なノウハウがなくとも適当に振り回すだけで充分効果を発揮できます。

[鈍器]

鈍器とは刃がなく角が丸まっているか、または全体が丸い物体のことで、相手を強打することで打撲外傷を与えられる武器です。棍棒、パイプ、丸太、切断された四肢などがこれに当てはまります。使うには、端を強く握りしめ、危なっかしく振り回しましょう。切断された四肢を使った場合、相手に物理的だけでなく精神的なダメージも与えることができます。

[刃物]

刃物にはふたつの端があり、片方が握るグリップで、もう片方が鋭利な刃です。間違った端を握ってしまうと指を切断してしまう可能性がありますから、気をつけましょう。刃物を取り扱う場合は、ギラギラ光っていない方を握れば問題ありません。通常、刃物を武器として扱うには多少の訓練が必要ですが、あなたの奇妙なよろめきとビクツキを伴う妖しい挙動をもってすれば、相手も回避するのが困難になるでしょう。

[飛び道具]

ありきたりの物体でも相手に投げつければ危険な飛び道具へと変貌します。相手がどこかに立てこもった時に突破する武器として使うのが大変有効です。ガラス張りの防御拠点には、生物またはその他の物体を投げつければ破砕可能です。

残念ながらゾンビ10体中7体は物体を投げる能力が欠落しており、残る3体のうち、標的に向かってマトモに物体を投げられるのは1体のみです。

自衛術

これまで試みられたゾンビ黙示録は、どれもことごとく失敗に終わっています。今までの戦いを振り返ると、我々の最大の失策はちゃんとした自衛術を講じなかった点にあります。ゾンビは撤退することを知りません。攻撃あるのみ、です。しかし同じ攻撃するにしてもなるべく頭部へのダメージを回避することで、再び死亡しないように気をつけなければいけません。今まで何千回と繰り返されてきた人間とゾンビの戦いを検証し、過去に他界したゾンビの敗退を礎にした虎の巻を用意しました。これで生者が頻繁に繰り出す攻撃と、それらに対する効果的な対処を習得できます。

人間の行動は予想しやすく、大概あなたの頭部を狙って攻撃してきます。アンデッドの頭部に攻撃を加えるために今までさまざまな武器が開発されてきましたが、彼らがもっとも頼りにしているのは火器です。酸素消費者は、特定の状況下では近接武器や可燃物を活用することもあります。両者ともにあなたの頭部に損傷を与えることができますので注意が必要です。

次の自衛術を学習することで、人間の一般的な攻撃に対処できるようになるでしょう。幸運に恵まれれば、今までのアンデッドが味わってきた恥辱的な運命を回避できます。人間を攻撃するのに躊躇《ためら》いを持ち合わせているゾンビなどいないでしょうが、もしいるとしたらちょっとした発破をかけましょう。あなたに銃口や刃を向けているのはあなたが昔親しくしていた連中です。元カレ・元カノから同じような扱いを受けるならいざ知らず、友人・同僚・家族からのこのような扱いは許しがたき蛮行です。成敗しましょう。

弾避けの極意

頭部を打ち抜かれるヘッドショットはつらいものです。脳を狙った弾が当たれば、ほぼ確実に死を意味します。動きが魯鈍《ろどん》なゾンビのあなたに、毎秒4000フィート(1219メートル)の速度で迫る銃弾を避けるのはほぼ不可能でしょう。銃撃は可能な限り避けるのがもっとも賢明な選択です。

残念ながら、いつもそういうわけにはいきません。酸素消費者は自衛のために充分な火力を用意しようとしますし、場合によってはアンデッド狩りをはじめるかもしれません。既に触れましたが(詳しくは68ページの「武器の扱いがドヘたくそ」の項目をご参照ください)、ありがたいことに人類のほとんどは射撃訓練を受けたことがないので、あなたの眉間をまぐれ撃ちしようと、無駄弾を絶え間なく撃ち続けます。こんな西部劇顔負けの銃撃戦では、あなたに弾が当たるのと同じくらいの確率で同士撃ちが発生するでしょう。しかしながら中にはちゃんとした訓練を重ねた狙撃手も存在し、少しでも多くのゾンビ・ヘッド・ショットをかまそうと待ち伏せています。実際に射撃を試みる場面を目撃しない限り、あなたの獲物がどれくらいの腕前を持っているのか判断するのは非常に困難です。

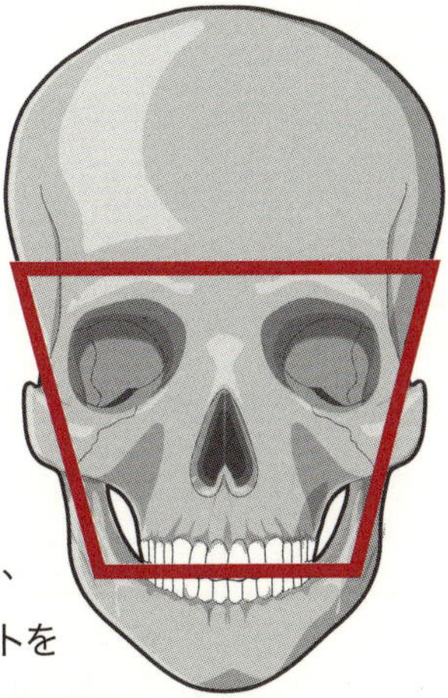

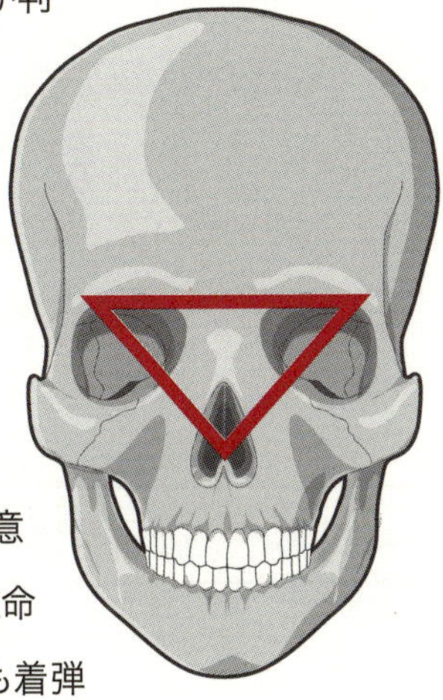

　相手が発砲している場合、とにかく致死四角ゾーンと致命三角ゾーンに着弾しないように気をつけなければいけません。致死四角ゾーンへの着弾は99.9%の確率で活動停止を意味します。訓練されたスナイパーは致命三角ゾーンを狙ってきますが、ここも着弾するとほぼ確実に「再死」となります。これらの箇所以外の頭部への着弾は、直撃でなければ尾を引くダメージとはなりませんが、1分か

ら10分程度意識を失うかもしれません。脊髄上部、脳幹への重大なダメージも活動停止へとつながる可能性があります。

結論から申し上げますと、とにかく銃は面倒です。下図に映し出された火器を持った人間に遭遇した場合、これより解説する銃撃回避の戦術を活用ください。噛まれてゾンビウィルスが伝染しても、あなたの獲物は銃で攻撃できるのを忘れないようにしてください。銃撃回避戦術のいずれかで相手を押し倒した時、まずは武装解除させて、腕の１本か２本、引っこ抜いておいた方がいいでしょう。

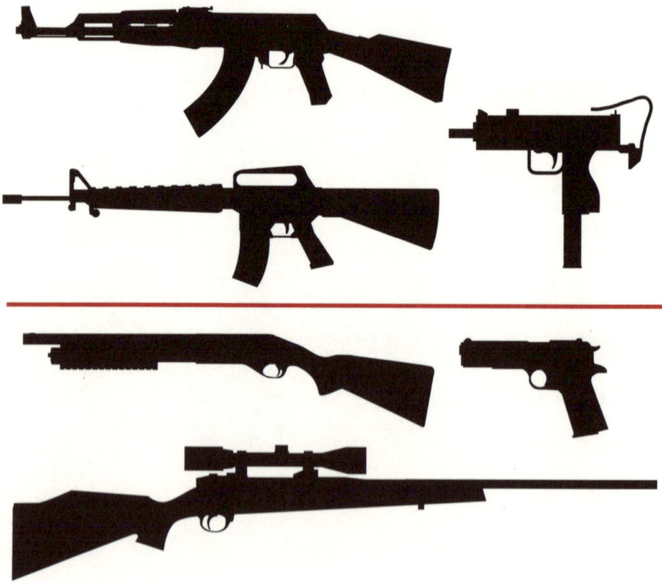

[ダイヤモンド陣形]

ダイヤモンド陣形は別名「ゾンビ菱形陣形」と呼ばれ、武装した人間に対して速攻をかける際に活用します。ダイヤモンド陣形がうまく成功すれば、最寄のゾンビへの攻撃で気をとられているうちに、その他のゾンビに接近されて圧倒されます。瞬く間に距離がせばまり、陣形後方に位置するゾンビが獲物をしとめられます。

いうまでもないですが、この戦術での理想的な立ち位置は後方のゾンビになることです。獲物に接近したら即座に噛みつき攻撃を開始しましょう。この戦術の有効性は獲物の数、相手の弾薬のそなえ、そして命中率に大きく左右されます。

[側面攻撃]

「群がり攻撃」とも呼ばれる側面攻撃ですが、死霊軍団が一斉攻撃する時に活用される戦術です。ここでは同一標的に対して多方向からの攻撃を同時に行います。さまざまな方角から攻撃することで、襲われている人間は複数の方角に対して同時に対応を迫られ、圧倒されやすくなります。

側面攻撃のもうひとつの利点は、ブリーザーの行動を束縛できることです。人間集団がゾンビ側に対して同じような側面攻撃を展開するのを防げます。戦力的にも精神力的にも優勢な立場で攻撃をかければ、勝利は充分可能です。

[ゾンビシールド]

ゾンビシールドとは手ごろな死体で相手の銃弾を受けてもらい、自身のからだを守る戦術です。活気なさそうな手ごろな「ボランティア」を担ぎ上げて、あなたと人間の銃口のあいだに抱えましょう。射手との距離を詰めるまで大事な「鎧」をしっかりと抱え続けましょう。相手に攻撃を与えられる距離まで近づいたら、死体を相手に投げつけ、おもむろに噛みつきはじめましょう。

[囮死霊]

囮死霊戦術は静かに接近するソンビ隊が奇襲するまで、生者の注意を他に引きつけるのが主な目的です。叫んだり、嘔吐したり、強襲したり、モノを投げたりして囮ゾンビは自らに関心を引きつけます。囮死霊が射撃されている間、後ろからもう一派が攻撃をしかけるという具合です。

この戦術は簡単に聞こえますが、ゾンビ特有の不器用さと無意識に発せられる呻きのために、奇襲する一団が気づかれないまま接近することはかなり大変です。このため、囮ゾンビはなるべくやかましく、できるだけ威嚇的な印象を与えられれば成功の可能性が高まります。また、囮死霊の動きが鋭敏であれば頭部への直撃を避けやすいため、さらに成功の可能性が向上します。

[全包囲]

一斉に全方向から攻撃すれば、あなたの獲物はあまりに多くの標的を同時に相手にしなくてはいけなくなりますし、相手の足止めもできます。この作戦、一見すると理想的な手法に聞こえますが、獲物があてずっぽにゾンビを攻撃するため、攻撃する側にとってはゾンビ・ロシアン・ルーレット状態となってしまいます。この戦術を行うのは、なるべく相手の銃の扱いがヘタである場合にとどめておきましょう。

この戦術は別名「スナックアタック」と呼ばれていますが、それはあまりにも多くのゾンビが参加するため、人肉の分け前がかなり少なくなってしまうからです（詳しくは219ページの「ゾンビ規範」をご参照ください）。みんながみんな同じ人肉のひとときれを奪い合う騒ぎが起きることを覚悟してください。

［空中落下］

降下角90度、ゾンビ投下！ 高層ビルの下でカウボーイ気取りの人間に空中落下攻撃をしかければ、不意を突く抜群の奇襲になるでしょう。高度という戦術的優位を確保するためには「階段」なる障害物を克服しなければいけません（詳しくは104ページの「あなたを待ち受ける障害物」をご参照ください）。2階か3階まで登り（それ以上ですと落下で重大な損傷を受ける可能性があります）、獲物があなたの真下に来るまで待ちましょう。ころあいを見定めて静かに落下し、獲物を押しつぶします。

衝撃によって標的は重大な怪我を負うはずですが、そこまでいかないとしても、少なくともびっくりして慌てふためくはずです。人肉着地マットにそのまま噛みつきましょう。

炎

人間が火遊びする時、怪我をするのは我々ゾンビです。

獲物を求めて徘徊するゾンビは例外なく炎に目を奪われます。我々アンデッドは意図的に火を起こすことが物理的に不可能です。それゆえ、炎は人間の活動を示唆する現象であり、人類は調理や保温、光源として火を起こします。人間が火を起こせば、炎のきらめきや立ち上る煙のおかげで数キロ離れた地点からも察知できます。我々の視界が何かに遮られていても、または重度の損傷のため視力を失っていても、嗅覚で煙を嗅ぎつけることができます。一度火の存在を察知してしまうとその方角へとおもむく衝動を抑えることは大変困難です。

我々の炎への無条件な関心は大きな問題へと発展しかねません。なぜなら人間は火を武器として使うことがあるからです。炎自体は我々に痛みを与えませんが、しかしながら不死の肉体への影響が皆無というわけではないのです。

燃焼稼動時間早見表

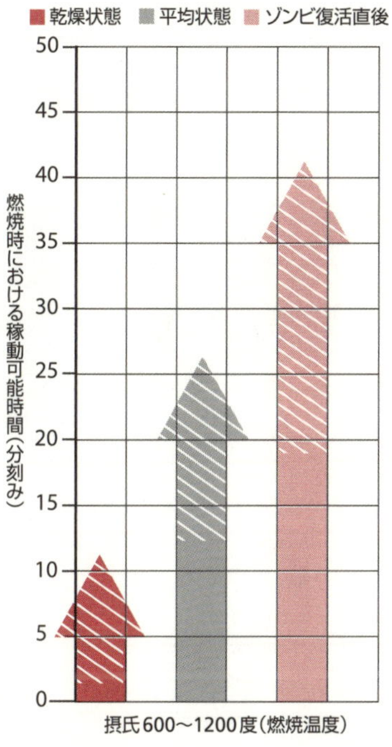

残念ながら火炎攻撃は甚大な被害を起こすことが報告されています。あなたの脳味噌は簡単に焼き上がってしまうかもしれないのです。乾燥した腐敗のかなり進んだゾンビの場合、数分の燃焼だけで完全焼却状態になってしまいますが、新参ゾンビならば少なくとも約30分経過しなければ灰になりません。しかし、たとえ延焼を耐え抜いたとしても、その時に発生した損傷は残ります。また、煙を経由してゾンビウィルスを伝染させることは大変困難です。

ゾンビ発生時、ほとんどの人間は可燃燃料を節約しようとしますが、中には状況に応じてゾンビを燃焼させようとすることもありえます。以下の放火器物を忘れないようにしてください。これらを人間が所持していた場合、次に紹介する燃焼対処戦術をご活用ください。なお、これらの戦術は腐食性の強酸を浴びた場合でも有効です。

[火達磨《ひだるま》マーチ]

ほとんどのゾンビには、ガソリンなど気化する可燃性の液体（ディーゼル、軽油、その他）の臭いを察知する能力がまったくありません。憎らしいことに、放火好きな人間どもはこのことを把握しています。彼らはこの弱点につけこみ、次の二通りの戦術を展開します。より一般的なのは、可燃性の液体を地面にこぼし、その上に我々が歩み出たところを遠距離から発火させるという手法です。もうひとつの戦術は主に追いこまれた時に活用される手法ですが、可燃性の液体を我々に投げつけて火を放つというものです。どちらの状況でも、獲物に対してそのまま真っすぐ突き進みましょう。この戦術が火達磨マーチと呼ばれている理由はここにあります。

当然、服は燃え出し皮膚に溶けこみはじめます。普段のあなたでも充分人間に対して脅威ですが、火達磨状態となればさらに大

きな脅威になれます。火達磨になったら躊躇うことはありません――攻撃あるのみです！ そのまま動き回ることで延焼を起こし、人間の守りを弱められます。ゾンビ火攻めがもっとも成功した結果が1871年の「シカゴ大火」です。あの大火事で4平方マイル（約6.5平方キロ）の酸素消費者どもの領地を灰にすることができました。人間どもはあの大火をミセス・オレアリーの所有する牛がカンテラを転倒させたから発生したと思っていますが、まったく馬鹿げた話です。

［火中の心頭滅却］

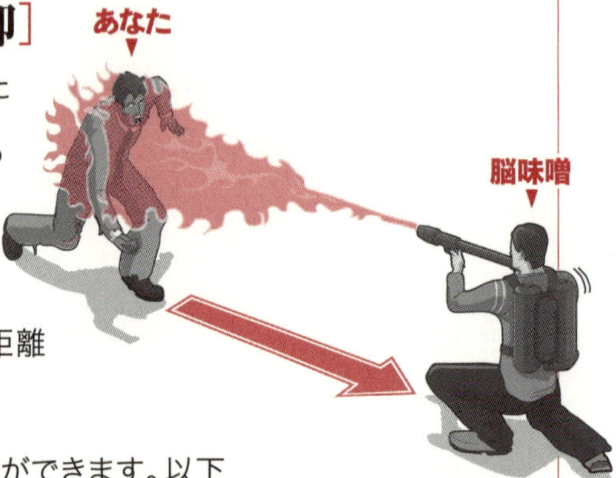

火炎攻撃の中にはあなたを突き倒すような攻撃もあります。軍用の火炎放射器は約100フィート（30メートル）以上の距離まで燃焼中の可燃性の液体を噴きかけることができます。以下の図に表示されている背負い式の火炎放射器は、今では軍から退役しているものの、多くが個人コレクターの手にわたっています。

火炎放射器に出くわした場合、炎で眼球に火傷を負ってしまい、視力が

大幅に低下する可能性が高いです。また、火炎放射器の火炎自体に当たらなくても、突然の光源の発生によって一時的に目が見えなくなる可能性もあります。こういう時こそ心頭滅却の精神を大事にしなければなりません。炎に包まれても、そのまま平衡感覚を崩さず、最後に標的を視認した方向へとそのまま突き進みましょう。

[火炎瓶回避]

戦闘中、あなたはさまざまな自家製の簡易焼夷手投げ弾に遭遇するでしょう。もっとも一般的なのが「モロトフ・カクテル」といわれる火炎瓶です。可燃性の液体が入ったビンに布の火種をつけたもので、衝撃で四散し、中の液体が発火して燃焼を開始します。

火炎瓶回避とは投げつけられる火炎瓶の着弾位置を予想して回避する戦術です。火炎瓶が飛翔している間にどこに着弾するのかを予想して、その位置からよろめき離れ歩きましょう。

しかし正直なところ、これはあまり効果的ではありません。人間に対する攻撃をゆるめてはいけないのです。火炎瓶を投げられる人間は、あなたが喰らいついておいしくいただくのに充分な距離にいます。火が放たれていようといまいと、そのままフラフラと相手に歩み寄りましょう。にわか放火魔に自らの行いの愚かしさをとくと教えこんでください。

ハンド・トゥ・マウス・コンバット

優秀であるとはいえ、火器・火炎系の武器にも弱点があります。長期にわたるゾンビ蜂起ともなれば、弾薬や燃料の備蓄がやがて枯渇します。こうなると生者も、過去の白兵戦用の武器を使うのを余儀なくされます。

約40万年前、古代のブリーザーは「槍」を発明しました。動物をしとめるにはかなり有効でしたが、ゾンビに対してはまったく効果がありませんでした。このため、アンデッドの頭部を切り落とすのを目的としたより高度な武器を人間は開発し、斧や剣が生み出されました。しかし人類は、偶発的な感染を防ぐには遠距離からの攻撃が最適だとやがて気づきます。この洞察に後押しされ、1300年前後に狡猾な酸素消費者の技術オタクが「火器」を開発しました。この新しい武器のおかげで一夜にして斧と剣は時代遅れとなりま

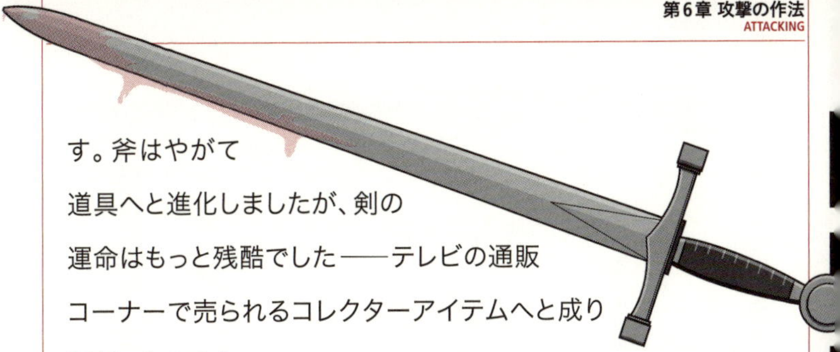

す。斧はやがて道具へと進化しましたが、剣の運命はもっと残酷でした――テレビの通販コーナーで売られるコレクターアイテムへと成り下がったのです。

追いこまれた人間がこの手の白兵戦用の武器を現役へと復活させても、アンデッドのあなたはあまり気にする必要はありません。これらの武器はあなたにダメージを与えにくいですし、重大な損傷を頭部に与える可能性もかなり低いです。白兵戦用の武器は用途上、近接戦を前提としています。近接武器を持った相手があなたの脅威たりえる状態とは、あなたの次の食事が目の前にいることも意味しています。隣接した段階で噛みついたり、引っ掻いたり、つばを飛ばすなどして相手の反応を鈍らせ、ねじ伏せてください。白兵戦用の武器との遭遇は、最終的には「ハンド・トゥ・マウス・コンバット」、即ち人間の手とあなたの口の間の戦闘であり、アンデッドにとって有利に進むはずです。

次のページに掲載された白兵戦用近接武器をご確認ください。あなたの獲物がこのいずれかを所持している場合は次にご紹介する戦闘術を活用して、来たるべき最終戦争でアンデッド覇者になってください。

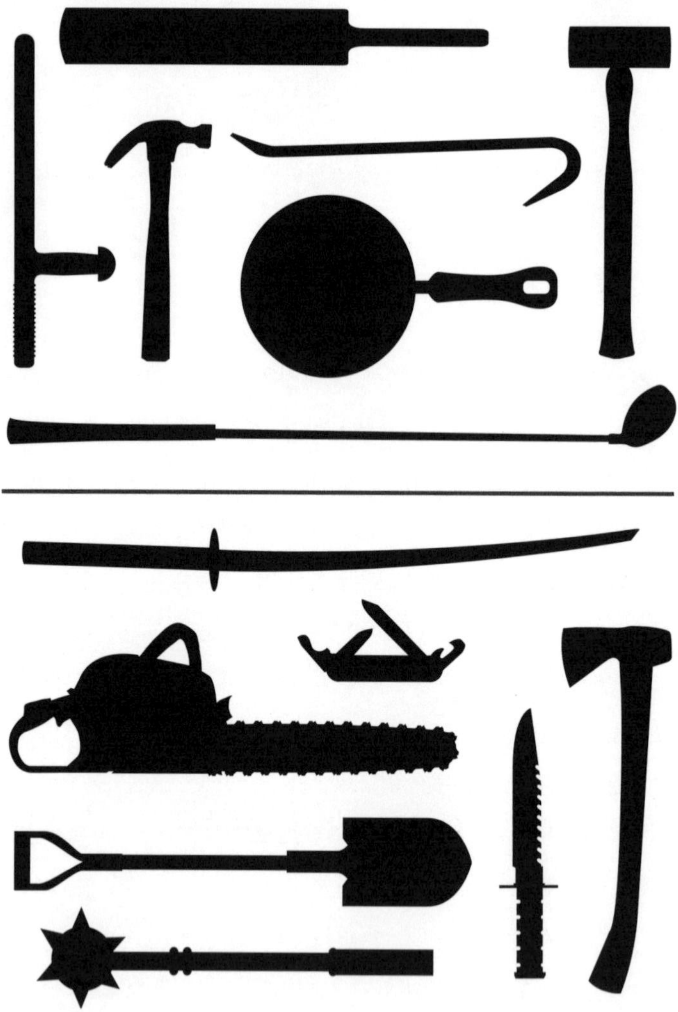

[不規則乱れ打ち]

不規則乱れ打ちは別名「ゾンビ歩調」といわれ、次のような方法で相手に接近します。まず首をやや斜めに傾け、からだ全体の体位を絶えず変えつつ、標的に対して不規則で予測しがたい速度で接近してください。予想しにくい動きを続け、頭を低くしておけば相手の一撃が外れやすくなります。両腕を空中でバタバタさせると、相手の命中精度をさらに下げることができます。

たとえ標的があなたの頭部に一撃を加えることができたとしても、頭蓋骨骨折か首を切り落とされでもしない限り、そのまま突き進みましょう。常に前進あるのみです!

[倒れこみ]

長い刃物を持っている人間から身を守るのは不可能ではありません。獲物から身の丈ほどの距離まで迫ったら、そのまま前方へと倒れこみます。この時、自分の頭が標的の太腿か膝のあたりに到達するようにしましょう。こうすれば相手の構えを大きく乱すことが可能となり、あなたも簡単には斬首されずに済みます。標的が構え直したり、再び刃を振り下ろしたりする前に脚をつかみ、そのまま貪り喰らいはじめましょう。

倒れこみ手法を使うのを忘れてもまだまだ挽回の機会があります。ほとんどの剣は一振りで骨を絶つような性能をそなえていません。たとえ首の一部が斬られても、斬られたのが肉だけで、脳幹が無事なら大丈夫です。

[肉斬骨断脳喰の術]

腕を顔の前に構えておけば、守りの薄いあなたの首を刃物から守ることができます。「前腕シルード術」ともいわれるこの手法は四肢をなくす可能性がありますが、斬首されるよりは遥かにマシです。肉斬骨断の精神で一撃を受けとめ、そのまま前に進みましょう。

肉斬骨断脳喰の術を実行した場合、重心の位置がずれたり下半身に重大な損傷が発生したりする可能性があります。被害の程度によっては、あなたの動きはかなり遅くなります。からだに突き刺さった刃物は長期間にわたってそのままとどまるかもしれません。刃物のグリップや矢尻などが大きくはみ出たままの場合、移動中にさまざまな物体に絡まり、あなたのからだにさらなる損壊をもたらす可能性がありますので、よろめき歩きには一層ご注意ください。

[グールリーチ]

我々アンデッドの親族で、超常現象の産物であるミイラ男の手法を取り入れた「死肉喰らいの抱擁《グールリーチ》」は何千年にもわたって成功を収めてきました。腕を前に突き出すことで、首元や頭部への攻撃をより困難にします。

腕を前に突き出したまま、手で引っ掻いたり爪を喰いこませたり、そのままつかんだりしましょう。理由は解明されていませんが、グールリーチを行うとあなたの呻きの頻度が増える傾向が確認されています。

コンバットクイズ

1. 誰かが私のからだにナイフを突き刺しました。私はこの場合…

a. すぐに医療関係者の救援を求める。

b. 気にせず、そのままやっていることを続ける。

c. 倒れこむことで痛みを紛らわせる。

d. アンデッド仲間にナイフを取り除いてもらう。

2. 誰かに火を放たれてしまいました。どうすれば良いのでしょうか。

a. 仲間のところへと退却する。

b. 水を捜し求める。

c. そのまま攻撃の手をゆるめない。

d. 可燃性の液体で火を消しとめる。

3. 誰かに撃たれていますが、

相手は狙いが非常に粗雑な模様です。私はこの場合…

a. ゾンビシールド戦術を開始する。

b. グールリーチ戦術を開始する。

c. 撤退する。

d. ズボンをはいたままクソを漏らす。

4. 相手が日本刀を構えています!

a. 即座に相手にするのをやめて、
この状況から抜け出す方法を探す。

b. 死んだフリをする。

c. 倒れこみ戦術でこのクソ野郎を無力化する。

d. 戦闘するために何か刃物か適当な四肢を見つける。

5. 白兵戦用の武器とは…

a. つるはし。

b. 鉄パイプ。

c. マチ《ナ》ェッ《タ》ト。

d. 上記すべてを含む。

6. 何種類もの武器を所持する複数の人間に遭遇しました。
この場合、私は…

a. 援軍を求める。

b. 白い布を振って降参する。

c. 威圧されず、そのまま攻撃に移る。

d. 遁走の後、身を隠す。

正解 **1.** b **2.** c **3.** a **4.** c **5.** d **6.** c

第7章

人間献立

chapter 7
HUMAN BUFFET

あなたは人間を追いつめ倒しました。さあ、メインイベントの時間です――貪り喰らい時となりました。

前述しましたが、あなたを苦しめる飢餓感は、尽きることのない単なる渇望にとどまりません。生理的な欲求のあらわれです。多くの人間はひどく誤解をしているようですが、ゾンビもまた栄養補給において消化系器官に依存しています。しかし生前のように、複数の特化した臓器によりさまざまな作用を通してエネルギーと養分を引き出すのではなく、消化管の役割はあくまでも人肉を貯蔵するための「容器」です。消化管を通るにつれ、体内のゾンビウィルスが人肉の中にある10兆もの細胞に含まれた酸(アミノ酸やクエン酸、ナイアシンなど)を吸収します。こうしてゾンビウィルスは腐敗作用を押しとどめるためのエネルギーを確保するのです(詳しくは56ページの「平均死後余命」をご参照ください)。

食べるのをやめたゾンビはゆっくりと飢え、そのまま腐敗が進み、やがて崩壊します。同時に、新鮮な人肉を摂取するのがかなり困難であることも踏まえ、ゾンビウィルスは自己保全のために宿主に絶えず飢えを感じさせ、獲物を狩るように仕向けているのです。死後の蘇生行程の中であなたの脳を劇的に変貌させたゾンビウィルスは、食欲を制御する部分から絶えず飢えを感じるよう信号を出し続けるようになったのです。この結果、あなたはいつも飢えているのです。何に飢えているか、ですが……いうまでもないですね。

理想のお肉

ゾンビは大きさ、種族、毛玉を吐き出すリスクの有無に関わらず、多種多様な生肉を喰らうことができます。食料の確保が難しい時はさまざまな動物を食べることでなんとか凌ぐことはできますが、もっとも適切かつ最大限の栄養を提供してくれる食材としてはゾンビのナンバーワン好物をおすすめします——外側がほんのりピンク色で中身が白っぽい、新鮮な人間の脳細胞です。

人間の脳はなぜこれほどまでに特別なのでしょうか。それは何十億という感覚細胞が詰まっており、それらすべてが電気化学的な電圧で満ち満ちているからです。このような細胞を摂取すると濃度

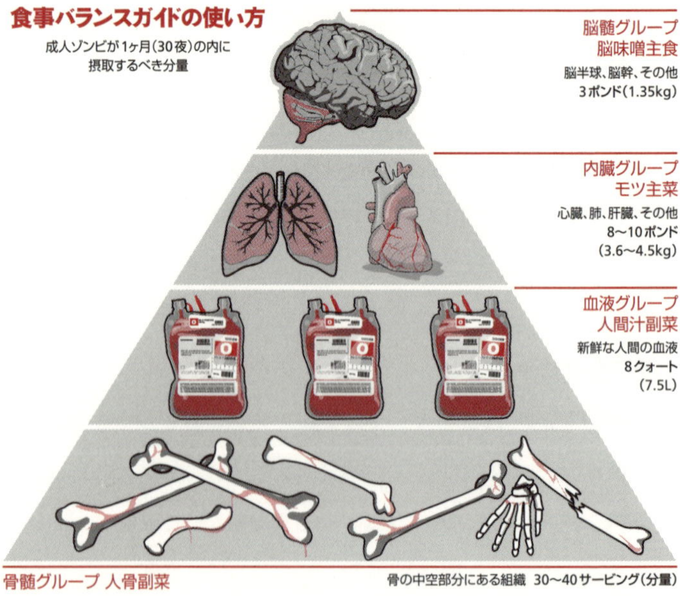

の高い生理学的エネルギーが放出され、その分摂取しなければいけない生肉の量を減らすことができます。脳細胞を少々食べただけで通称「延髄興奮状態《メダラ・ラッシュ》」といわれる高揚感に包まれ、アドレナリンが分泌されることで行動力が大きく向上します。

このゾンビ食事バランスガイドには最適な栄養補給に必要な脳味噌、その他の人間の部位の分量が示されています。これは一般的な人間の成人を食した場合を想定した表ですので、児童を食べる場合はそれにあわせて分量を増やしてください。

人肉の採食を通してエネルギーの摂取量が増えれば、その分あなたの死後余命期間が大幅に伸びます。ただし、暴食すると胃破裂を起こす可能性がありますから、節度を守った食事が大事です。このほかにも、腐った肉や長期間放置された血液の摂取も危険です。死後12時間以上経過した死体は食べないようにしましょう。賞味期限は気温によって左右されます。あなたのゾンビ感覚を駆使して新鮮さを確認してください（詳しくは174ページの「腐りモノはダメなモノ」をご参照ください）。

[脳髄グループ]

人間の脳味噌を食べたことがないうちは、本当のゾンビになったとはいえません。あなたの獲物の体重の2%ほどしかありませんが、脳味噌こそゾンビ食事バランスガイドのもっとも重要なグループです。毎月の推奨摂取量は約3ポンド（1.35kg）で、食事ごとに脳を半分食べれば充分です。脳幹近くの骨髄上部も脳髄グループに含まれます。

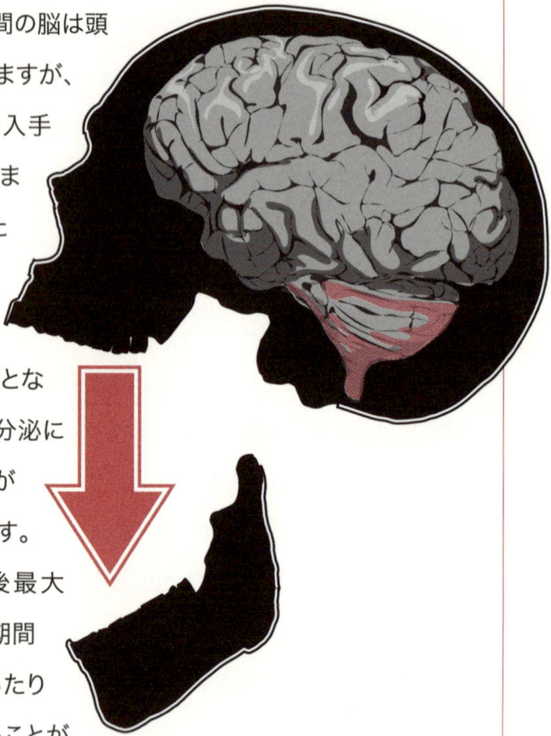

餌食となった人間の脳は頭蓋骨で守られていますが、下顎を外せば脳の入手はかなり楽になります。既に触れましたが、灰色細胞の摂取によってあなたは延髄興奮状態となり、アドレナリンの分泌に助けられ、行動力が飛躍的に向上します。この状態は摂取後最大24時間続き、この期間中アンデッドは走ったりジャンプしたりすることが可能となり、狩猟スキル・攻撃能力が大きく向上します。

[内臓グループ]

胸部ならびに腹部に位置する心臓、肺、肝臓、すい臓、胃腸、その他はすべて食用に適しています。しかし脳髄グループとは異なり、1ヶ月の推奨摂取量は約8〜10ポンド(3.6〜4.5kg)です。つまり、肺の

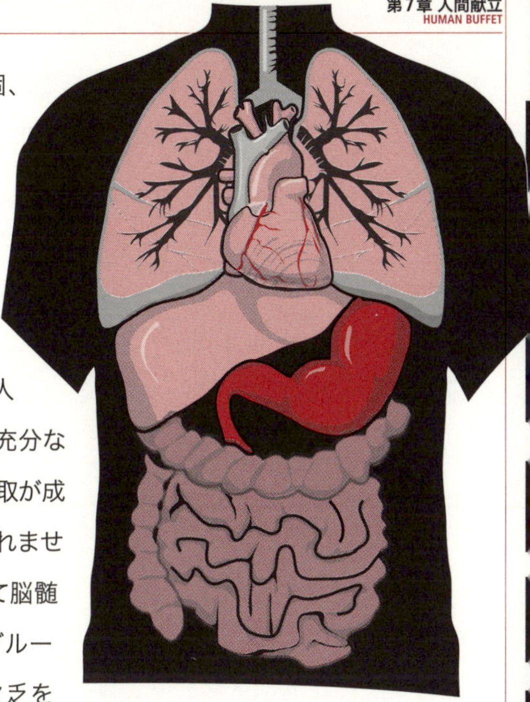

両葉と心臓が数個、それに肝臓がひとつかふたつという量です。あなたのゾンビの群れの大きさによっては、複数の人間を解体しないと充分な内臓グループの摂取が成り立たないかもしれません。代替手段として脳髄グループか血液グループからの摂取で欠乏を補うことができます。

ぬらぬらどろどろのおいしさを誇る内臓の多くは肋骨で保護されています。肋骨を壊すのはそれほど難しくありませんが、もっと楽なのが腹部から肋骨の下をえぐるように掻き出すことで、そうすれば臓器を簡単に取り出せます。

[血液グループ]

未感染の新鮮な生肉から必要な養分を吸収するためには一定量の水分を維持することが不可欠です。人間の血液は水分を補うのに絶好の液体です。

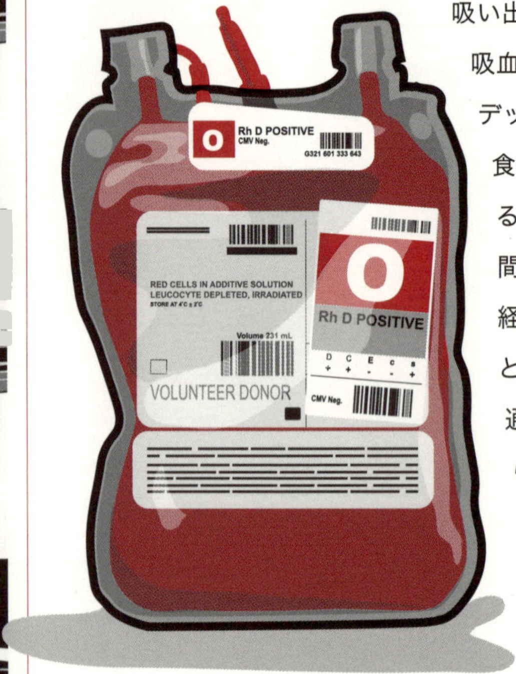

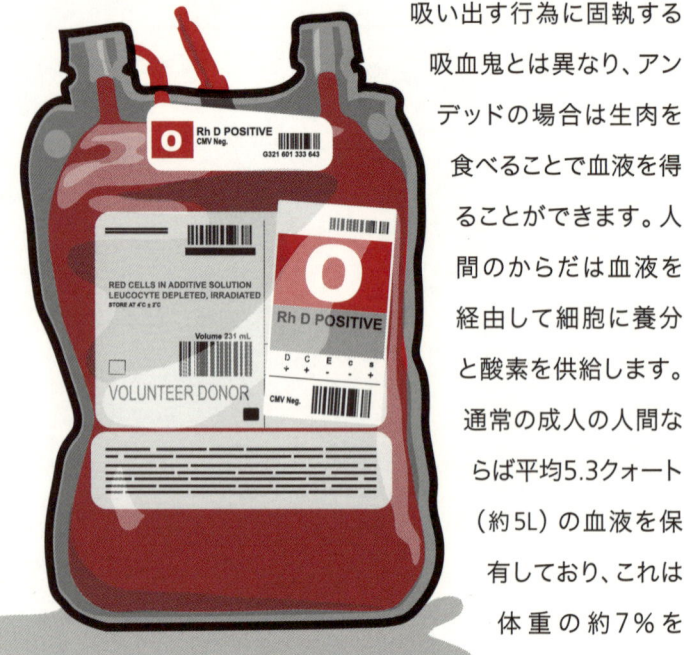

吸い出す行為に固執する吸血鬼とは異なり、アンデッドの場合は生肉を食べることで血液を得ることができます。人間のからだは血液を経由して細胞に養分と酸素を供給します。通常の成人の人間ならば平均5.3クォート（約5L）の血液を保有しており、これは体重の約7％を占めます。この量はゾンビの月間推奨摂取量のだいたい2／3です。しかし、一度の食事でこの量の血液を一体の人間から摂取することはほぼ不可能です。

ちなみに血液型（A、B、AB、O型）を混ぜ合わせることについて気にする必要はありません。異なる血液型を摂取しても副作用は起こしませんが、O型を摂取するとからだを揺すりたくなるという現象が報告されています。

[骨髄グループ]

骨髄グループは、別名「残飯グループ」といわれています。これは飢えたゾンビの群れが人間を貪り尽くした後に残る部位がこのグループであることを示しているのです。人間のからだは総数206個もの骨があるはずですが、すべて内部に赤か黄色の骨髄があるはずです。この骨髄はとてもジューシーな血液細胞によって構成された組織です。最低限の養分確保には10〜20つかみが必要ですが、推奨摂取分量は30〜40つかみです。

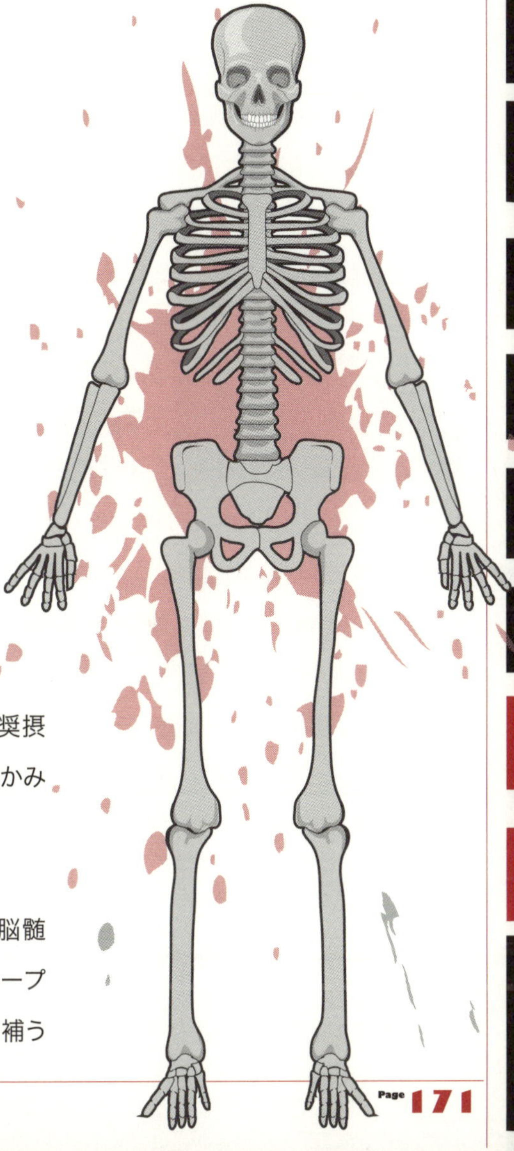

代替手段として、脳髄グループか血液グループからの摂取で欠乏を補う

ことができます。いわれなくてもそれらを喰らう欲求が強いことでしょうが。たとえ骨髄グループといえども、摂取することで活動するための養分を確保できるので、その力でもっと実入りの良い獲物を見つけましょう。

骨髄の摂取はかなり困難ですが、なるべく骨を丸ごと体内にとりこむことは避けましょう。大腿骨などの大きな骨は吸収作用に障害をもたらす可能性があります。逆に手や脚の小指はそのまま飲みこんでも支障はありません。

貪りエチケット 正しい貪りエチケットを遵守すれば新鮮でおいしい肉体を喰い散らすことができますが、エチケットに背くと、げっ歯類のような小動物を探し求めるみずぼらしい存在へと成り下がる可能性があります。

[喰われる用意ができた獲物から食べましょう]

負傷した人間は絶えずあなたから逃げようとしたり、抵抗を続けようとしたりします。たとえゾンビウィルス感染の初期症状を発症していても、麻痺状態になるまでは、あなたにダメージを与える可能性があります。

獲物を貪り喰う前にまず実行しないといけないことは、相手が反応しなくなるまで攻撃を加え続けることです。頭部への鈍器による強打などが最適です。くれぐれもいっておきますが、ここでいう頭部はあなたのではなく、獲物の頭部です。

[食べ物で遊んではいけません]

獲物が意識を失っている場合、ゾンビ化がかなり進行している可能性があります。悪戯《いたずら》に時間を無駄にしていると、あなたの獲物もむくりと起き上がってしまうかもしれません。そうなれば、それは「食べ物」ではなく「同志」なので、食事を諦めるしかありません。

蘇生現象が起きなくとも、食べられていない人間にはあっという間に飢えたゾンビが群がります。ゾンビ規範にも規定されているように、その場に居合わせたアンデッドは皆食事をする権利があります(詳しくは219ページの「ゾンビ規範」をご参照ください)。つまり、待

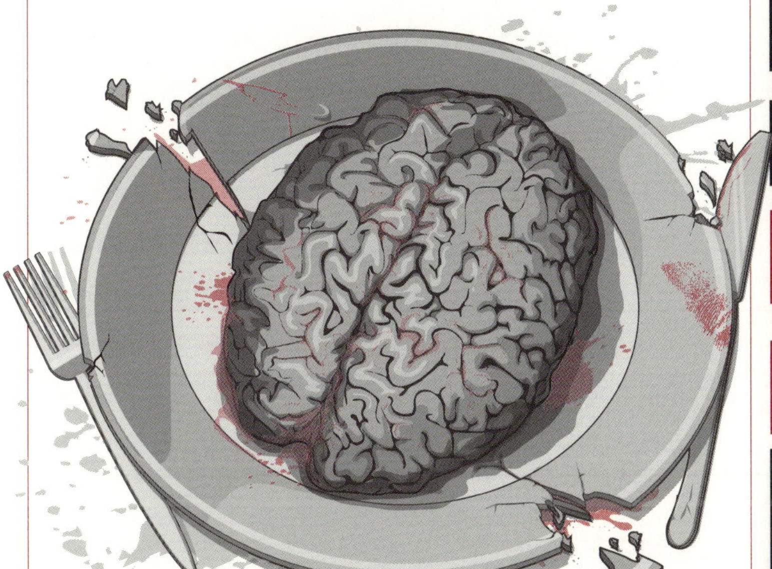

てば待つほどあなたの食べる生肉が減ってしまうのです。喰い散らし乱痴気騒ぎに嫌気がさして離れたくなった場合、四肢のどれかを引っこ抜き、そのまま静かにその場を離れることをおすすめします。

[腐りモノはダメなモノ]

ゾンビ発生時において多くの人間は事故や内輪モメなど、ゾンビが関わらないかたちで死亡するのも珍しくありません。この結果、放浪途中でまだ誰かの獲物になっていない人間の死体に遭遇するかもしれません。しかしながら、あなたのヨロヨロ散歩の中で偶然出くわした食料も賞味期限切れの可能性があります。生を失った肉体が白昼の太陽の下で12時間から16時間以上蒸しあぶりにされていた場合、かなり重度の細胞崩壊を起こしており、栄養的価値は皆無になっています。見つけだした死体が膨らんでいたり、肌が灰色になっていたり、臭ったり、足の親指に死体確認票が取りつけられている場合、その亡骸は長期間放置されていた可能性が高いです。

無軌道な乱行の最中では、こういった警戒すべき兆候を見落としてしまうかもしれません。幸いゾンビには腐敗した肉を自動的に強制排除する機能がそなわっています。ゾンビ化過程においてウィルスはあなたの舌の構造を変異させ、役に立たない血肉を察知すると吐き出す機能を与えました。試しに腐敗で膨らんだ腹部にでも噛みついてみましょう。あっという間にその死体に対する食欲が霧散するはずです。

これらの警告を無視して腐った肉を食べた場合、吸収障害が発生する可能性があります。症状としては胃腸の乱れ、視界の乱れ、射出嘔吐の頻度増大などがあげられます。

[お口を大事に]

食料は必ず口を通してあなたのからだに入るようにしないといけません。これが消化管への最短経路だからです。一部のゾンビは人間の生肉を穴が開いているほかの箇所に押しこんだりしますが、これはあまり奨励できません。この手法でも吸収は可能ですが、体外への排出経路がないので、差しこまれた人肉はやがて重荷となり、あなたの行動に悪影響を及ぼします。

もちろん、口や胃を失っているゾンビもほかのゾンビと同じように飢えを感じます。可能な限り食料を喉へと導くべきですが、もしそれが不可能であれば、気にせず体内の適当な箇所へと人肉を押しこんでください。

吸収

地上のほとんどの動物は消化時に眠くなりますが、アンデッドはこの限りではありません。ゾンビは吸収時、より活発になり、脳髄を吸収した時はさらに活発化します。吸収時の活動増加時間は最長48時間まで延びますが、(ジャンプや走りを可能とする)延髄興奮状態は最長24時間続きます。なお、活動が活発となる時間は気温や摂取した生肉の鮮度などによって左右されます。

養分吸収の理想的な気温は華氏78°F(摂氏23°C)です。もし熱帯地域などにいる場合、日中に摂取するよりも数時間待って、夜に食べるのをおすすめします。

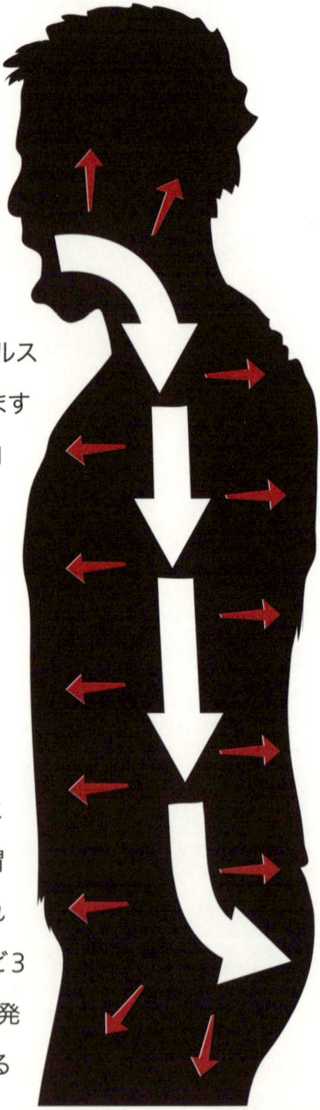

ゾンビウィルスはほとんど何でも吸収します。吸収できないのは髪の毛、歯、爪、そして大きな骨くらいです。骨の場合でも老廃物として排出する前に、可能な限り骨髄の吸収を試みます。感染しているウィルスの種類によって吸収時間は異なりますが、通常ならば長くても48時間以内には吸収が終了しているはずです。

吸収が終了した24時間以内に、体内に残っている老廃物が排泄されます。理想的には排泄箇所はゆるんだ肛門からですが、暴食などで過剰な摂取をした場合や消化管に重大な損傷がある場合、老廃物は胃腸破裂によって体外へと押し出されることもあります。最終的にはゾンビ3体のうち2体は腹部内部に裂傷が発生しますし、コロコロ肥満型ともなると95%がこの運命を辿ります(体型については54ページの「あなたの体型の傾向と対策」をご参照ください)。やや恥ずかしく汚らしいことは否めませんが、普段の活動にはまったく影響ありません。ちなみに排泄された老廃物はその後、最長2日間にわたってゾンビウィルス伝染性を持ち続けますが、この期間は気候等に大きく左右されます。

そのほかに起こりうる合併障害のひとつが体内詰まりです。これが発生した場合、あなたのからだの中に絶えず老廃物が蓄積してしまいます。何百kgもの未消化の人肉の重荷に悩まされ、行動力は大きく低下し、やがては死後の人生も終焉を迎えます。

困った時のまかない料理

バランスの良い食生活を維持するには人肉は欠かせませんが、もし生者が見つからない場合はどうしましょう。黙示録後の荒涼とした狩場や飢餓から発生する栄養不足を回避するために、豊かな取り揃えを誇る動物大国から何かを選んで食べましょう。多くの動物は、人間と内臓の構造が似ています。また、多くはブリーザーよりも動きがのろく知性が劣っていながら、多くの生肉と血液をもたらしてくれます。狩猟階層表に表示されている多細胞種族の多くから必要最低限の養分を確保できますが、結局のところ、人肉の提供するトータルバランスから程遠いのは否定できません。この表の上部に進めば進むほど、望ましい食生活を送ることができます。

家畜や家族の愛玩動物などの大きめの動物は、人肉の代替物としてうってつけです。これら多くは飼い主から見放され、飢えて弱まっています。犬はアンデッドに多少の身体的ダメージを与えることが確認されていますが、犬の噛みつきが致死傷となることはほとんどありません（我々の噛みつきは確実に致命傷となりますが!）。

最後に、げっ歯類、鳥類、そして小さな爬虫類などの動物を食用とすることができます。多くの地域でこれらの動物が数多く繁殖しています。数は多いですが、捕まえるのが大変なので、面倒臭いことこの上ありません。

場所によっては、ゴリラやチンパンジーといった大型の霊長類を狩るのが魅力的に見えるかもしれません。確かにこれらは人間とDNAが98%まで同じで、我々の必要な養分を提供してくれます。しかし、栄養学的利点はさておき、大型の猿人を狩ることはすすめられません。ゴリラは自分の体重の10倍の重さを持ち上げることができますし、弱々しいゾンビのからだなど簡単にバラバラに引きちぎることができます。また、霊長類はゾンビウィルスに感染する可能性がありますから(詳しくは205ページの「動物感染」の項目をご参照ください)、むやみに競争相手を増やす必要はありません。

このほかにも熊、象、大型の猫などの動物は避けるべきです。下に掲載した回避すべき危険動物図表をご参照ください。

大型の蛇もゾンビを食べようとするのが報告されています。もしあなたが蛇に丸呑みされてしまったら、引っ掻くなり噛みつくなりして蛇の胃袋の中から脱出しなければいけません。蛇は消化途中にゾンビウィルスのおかげで絶命しますが、そのままですと、あなたは死んだ蛇の中に閉じこめられた状態となってしまいます。

ほかに避けるべき食べ物

圧倒的な飢えに悩まされるゾンビは、時折人肉や動物の生肉以外の物体を食べようとするかもしれません。あくまでも警告として以下の注意事項を列記します。

可燃性の液体類 ガソリン、アセトン、エタノールなどの複雑な化合物は絶対に摂取してはいけません。これらの物体は可燃性が高く、簡単にあなたを歩く松明へと変貌させてしまいます。そのほかの化合物も腐食や腐敗を促進する可能性があります。下記のラベルが貼られている物体はなるべく避けましょう。

接着剤 粘着性に富んだ物体を投げつけられても、絶対にそれを口に含んではいけません。馬肉か牛肉の匂いがするかもしれませんが、違います。これらは物体を接着するのが目的の液体・粘液ですので、口に含んだ場合、二度と顎を開けられなくなってしまうかもしれません。また、無事飲みこんだとしても、体内を接着させ閉塞を起こし、やがてはからだが固まってしまう可能性があります。また、手で接着剤を取り扱うと手先の器用さが大きく減退します。

ポリマー系プラスチック、その他 プラスチックでできた物体が体内を通り過ぎる時、鋭利な角が裂傷を発生させる可能性があります。プラスチックやその他、肉以外の物質――金属、ガラス、木材――は栄養的恩恵が一切ありません。時折、こういった物体で人間は鎧や装飾品を製作し、身にまといます。人間を食べる時、これらを避けて本体を丁寧に喰い尽くしましょう。

第8章

感染の作法

chapter 8
INFECTING

あなたは人間に対して異常なほど熱をあげていることにひとり悩んでいませんか? 大丈夫です。アンデッドならば皆同じです。ゾンビにとって人間を食べることは生理学的欲求なのですから、気に病んではいけません。採食に固執するあまり、その他の事柄についてまったく無関心になるのも(ゾンビ的には)異常ではありません。しかし、人間を喰い散らしている時も、できれば彼らの一部を仲間に引き入れることを忘れないようにしましょう。その他の多くの肉食動物を同じように、ゾンビも多勢の方がさまざまな状況で有利です。より多くのアンデッドと歩むことであなたはより多くの人間を喰らい、感染させられます。その結果、さらに仲間を増やし、プラスの相乗効果の恩恵にあずかることができるのです!

狩ったり戦ったりしている時、とても素晴らしいことが起きます。魔法のようですが、自動的にゾンビウィルスを相手に感染させられるのです。これは「ゾンビ注射《ショット》」とも呼ばれていますが、噛みついたり血しぶきが付着し吸収されることによって発生するありきたりな感染です。ブリーザーの血流に一度ウィルスがとりこまれたら、完全に手遅れなのです。

これをもってあなたの伝染任務は遂行され、新たに感染した人間は新世界へと導かれます。大事なのは感染後の最初の数時間です。まず、ゾンビ候補者は喰われないように気をつけましょう。通常の場合、襲撃された者はすぐその場を逃げ出します。ゾンビウィルスの初期症状を発症してもそのまま遁走を続けます。ウィルスの潜伏期間中、感染者の体液の伝染力はどんどん強くなり、身の安全を求めて避難施設に駆けこめば、たちまち身を潜めているほかの人間にゾンビウィルスを感染させてしまうのです。人間たちがこのステルスゾンビを暖かく迎え入れるのは、ゾンビ化の症状に気づくまでです。判明した段階で感染者は隔離されるか、その場で「消去」されます。しかし我々にとって非常に都合の良いことに、この段階で既に感染の芽はほかの人間へと確実に植えつけられているのです。感染者を匿(かくま)った人間の衛生管理の程度とゾンビウィルスの伝染力の強さ次第で、こんなありきたりなシナリオも爆発的感染の発起点になりえます。

前述しましたが、新たな感染者は瞬く間にウィルスに体力を奪われ、あなたの束縛から逃れることができないかもしれません。おめでとうございます——そのままおいしくいただきましょう。あなたが貪り喰いついても感染者の脳髄部分が損害されておらず、なおかつゾンビウィルスが心筋梗塞を起こすまで感染者が存命だった場合、ゾンビとして蘇る可能性があります。新たなゾンビ友達はかなりだらしない身なりでその醜態は見るに堪えないかもしれませんが、ゾンビなど多かれ少なかれ同じようなモノです。

要約しますと、正しい狩猟と攻撃を人間に対して続けていれば、労なくしてあなたのアンデッドの群れは大きくなるはずです。まさに労少なくして功多しといったところですが、さらに伝染力を強化されたいあなたにとってこの章はぴったりの内容となっています。

感染の実行

人間の感染に労力を費やすことに、ほとんどのゾンビは非常に消極的です。ゾンビはそんなのどうでもいい、と思いがちです。このような態度は単なる怠惰に見えますが、むしろゾンビらしいといえるくらい一般的です。ゾンビは群れますが、基本的には個人主義的です。もちろん我々も、食事を犠牲にしてまであなたが世紀末的爆発的感染《アポカリプティック・パンデミック》の大義を押し進めることなど期待していません。しかし、どんなアンデッドも死後の人生において膨大な食材の供給に圧倒される時がいつか訪れます。人間の供給が過剰と感じられるようなこんな時こそあなたに生まれつきそなわっている武器で人間のレジスタンスを脆弱化させるのはいかがでしょうか。

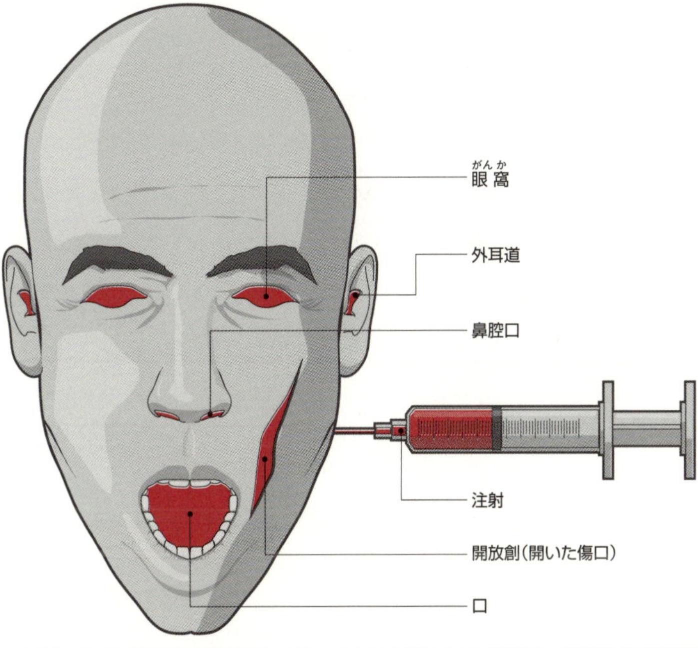

お目当ての人間にゾンビウィルスを感染させるのにもっとも手軽な方法は、あなたの感染した体液を相手に接触させることです。人間のからだはウィルス侵入に対して防備が手薄な箇所だらけです。目、口、鼻、耳、すべて人間の体内の血流へとつながる門戸です。開いた傷口であれば、からだのどの箇所も有効な侵入箇所となります。より手の込んだ方法として、注射器を活用した体液注入などもあります。

なるべく伝染を成功させるには、以下に示す人気の感染手段をご活用ください。

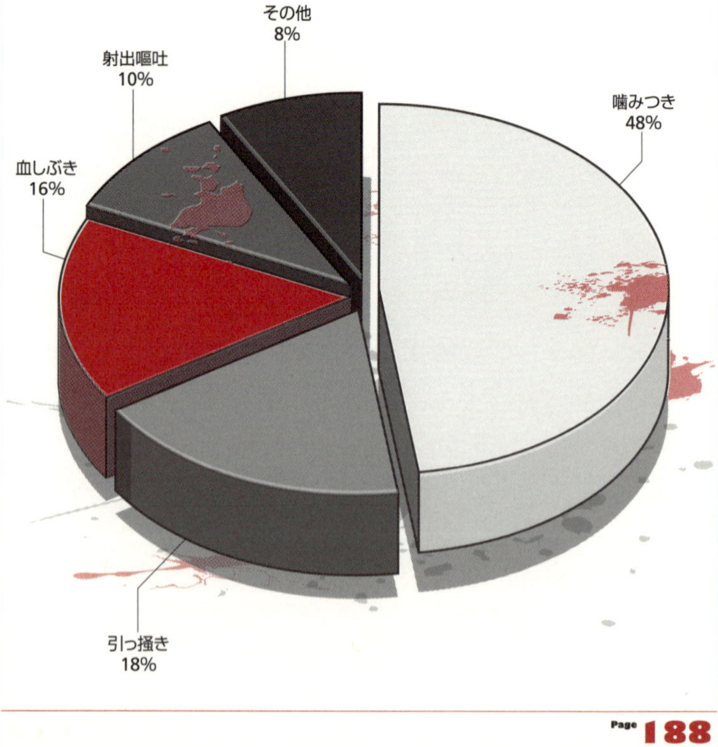

[噛んじゃえ!]

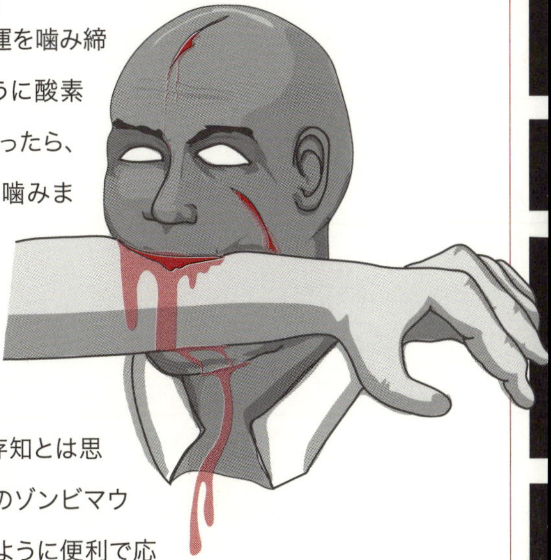

ゾンビになった悲運を噛み締めろ、などと偉そうに酸素消費者がいいはなったら、お返しにからだを噛みまくってやりましょう。48%のゾンビは噛まれることでウィルスに感染しました。ご存知とは思いますが、あなたのゾンビマウスは十徳ナイフのように便利で応用が効く道具です。攻撃、束縛、採食、呻き、そして感染の手段としても活躍します。一度あなたの有毒な顎門《あぎと》が相手の皮膚へと切りこめば、感染は成立します。人類がゾンビの口を怖がるのもうなずけます。

噛みつく先としては頭部がもっとも有効ですが、人間は手を使って噛まれるのを防ごうとします。あなたの口の中に指が数本、忘れ形見のように残ってしまうかもしれません。前菜と思っておいしく味わいましょう。もっとも、指を失った相手がゾンビとして復活した場合、戦力としてはやや期待外れに終わる可能性はあります。白兵戦用の武器を取り扱うには、拇指《ぼし》対向性(親指を使って物を握るのを可能とする人間の手の特徴)が欠かせないのです。

[引っ掻き]

噛みつきほど深刻な傷になりませんが、それでもなお充分効果的な伝染方法に、あなたのナイフのように鋭利な指爪があります。引っ掻くことで生者の身体に生じた裂傷は、あなたの伝染性血液にたいして無防備です。一旦感染するとゾンビ化症状によって相手はより無防備になります。引っ掻きによる裂傷経由の感染の場合、まず傷口付近の麻痺症状がはじまります。ところで引っ掻き傷も多すぎると致死量の出血を起こしてしまいますが、まあお腹が空いているのであればそれもまたよろしいでしょう。

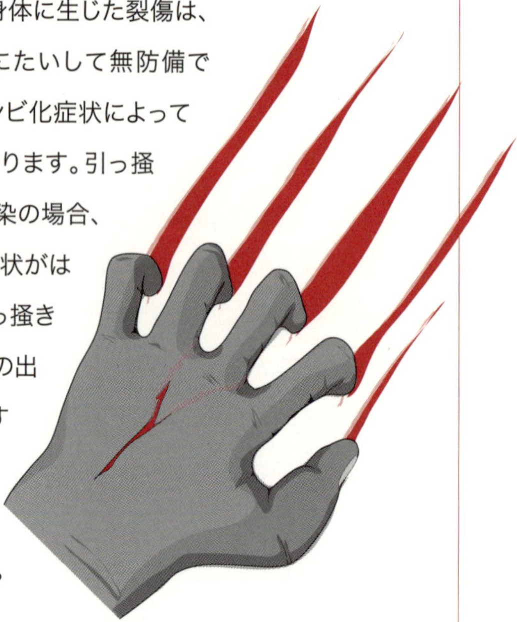

[血しぶき]

3番目に多い伝染方法とは、映画『サイコ』のシャワーシーンで広くその悪名が人間界で知れわたった暴力の副産物――血しぶきです。血しぶき経由の伝染は噛みつきや引っ掻きに比べると確実性が低いですが、血しぶきは生者とのいざこざの渦中でよく発生します。からだの一部が酸素消費者によって潰されたり切られたりした時、あなたの体内か攻撃手の武器の刃先などから血が飛び散り、人間の皮膚に付着するかもしれません。

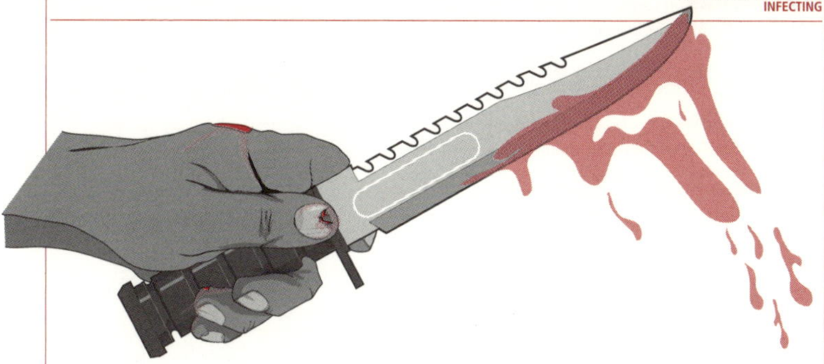

残念ながらアンデッドは血行機能が停止しているため、動脈が切断されても噴射現象は発生しません。伝染が成立するには、付着した血液が相手の開いた傷口か頭部の開口部位(鼻腔、外耳道、眼球、口など)へたどりつかなければいけません。

[射出嘔吐]

集計された報告データによれば、4番目に頻繁な伝染は感染した吐瀉物との接触です。血しぶきと同じように、嘔吐の際に射出された液体で相手を感染させるには、開いた傷口か頭部の開口部位へたどりつかなければいけません。あなたの腹部に何がこねくり回っているかによってリバースできる液体の量は異なりますが、半ガロン(1.8L)くらいは難しくないでしょう。この量のゲロをもってすれば、窮地に陥った酸素消費者の一団全員を楽に

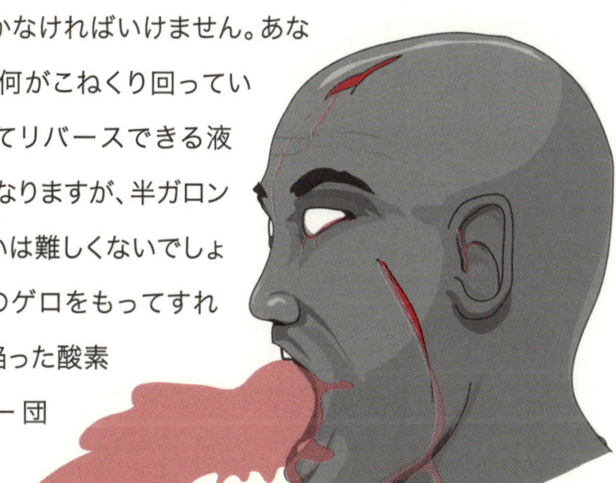

感染させられることでしょう。運が良ければ、連中は突然の奇襲に驚いて口をあんぐり開けた状態になっているかもしれません。

[その他の感染方法]

これまで報告された伝染方法の中にはびっくりするくらい珍しいものなど、多種多様な例が確認されています。これらのほとんどは我々ゾンビの働きかけとは無縁な感染例ばかりですが、さまざまな可能性を把握することに越したことはありません。ブリーザーはゾンビウィルスに感染した食料を食べたり、感染した血液を摂取した蚊に刺されて感染した例もあります。また、人間の科学者が研究目的で被験者にウィルスを注射するかもしれません。さらに感染したばかりの人間が、死後も家族・友人と共にいられるようにと、わざと病原菌を撒き散らしたケースも報告されています。

　やや奇妙な伝染の中でももっとも多いのが性交渉での伝染でしょう。はじめて我が軍勢と遭遇した人間は、いつも以上に身体的・情念的親近感の確認を欲しがります。我々と戦っている連中が暇を見つけては武器を下ろして、しばらく情を交わすのもそれほど珍しくありません。既に触れた通り、ウィルス感染

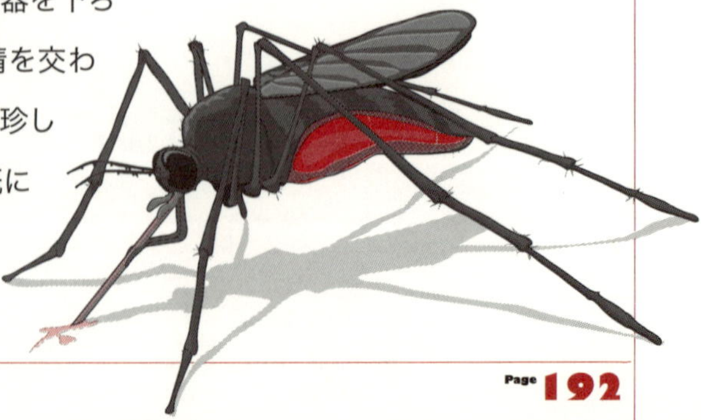

の初期症状は容易に確認できない場合があります。ウィルスが潜伏状態の場合、たとえ裸体になっても感染しているかどうかの確認は難しいです。

ご存知ですか？
ゾンビウィルスは臓器移植が行われても
生きながらえることができます。
臓器が移植された後、瞬く間に患者は感染します。

ゾンビ化の進行過程

伝染プロセスなどゾンビ化の発病行程に比べればオママゴトのようなものです。ゾンビは皆、複数の大変不快な変異を経て、蘇生段階へと行き着きます。ゾンビウィルスの種類にもよりますが、潜伏期間の長さと最終変異時間のふたつを組み合わせた全行程は、約24時間が一般的な長さです。変貌行程や蘇りで具体的にどのような現象が発生しているのかご興味ありましたら、これから続くゾンビ化の7つの段階についてご参照ください。

[第一段階:感染]

図にあるこのミクロサイズの悪魔が不死の王国の礎をなしているとはにわかに信じがたいですが、本当です。さて、何百万という種類のウィルスが地上に存在するにもかかわらず、何ゆえ人類はゾンビウィルスをこれほど恐れているのでしょうか。第一に、非常に耐久性に富んでいるからです。その鎧をまとったカプシド（ウィルスの殻）は、人間の科学が生み出すアンチ・ウィルスを100%撃退できます。

さらに、ゾンビウィルスは作用が超高速です！ 被感染者の年齢・身体的大きさ・人種にまったく左右されず、いかなる伝染手段にも関わらず、ウィルスは数秒で人間の免疫システムをすり抜け、ゾンビ化変態作用を開始させます。一度人体の血液へと入りこめば、ウィルスは子作りに熱をあげる新婚さんよろしく自己複製に没頭し、やがて宿主細胞の中で部品の集合を進め、複製の生産に着手します。

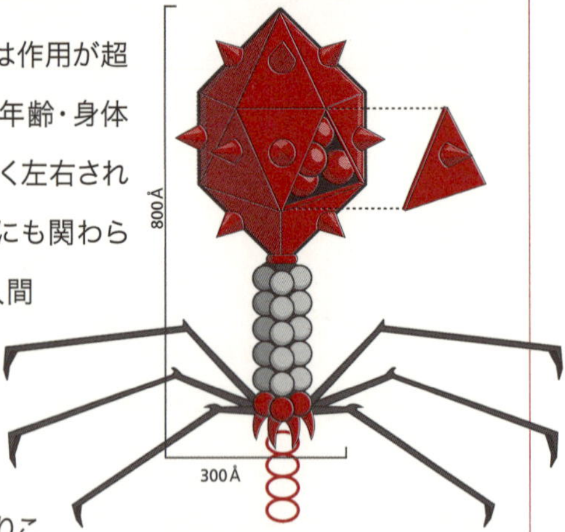

感染した血液は、20秒以内に何千マイルもの血管の中をめぐります。当段階では、人体の血液循環システムはウィルスの手助けをしているようなものです。侵食が発生していることも知らず、実に1分間に3回のペースで体内を血液がめぐります。こういった理由から、からだの一部を切断することで感染をとめるのはほぼ不可能

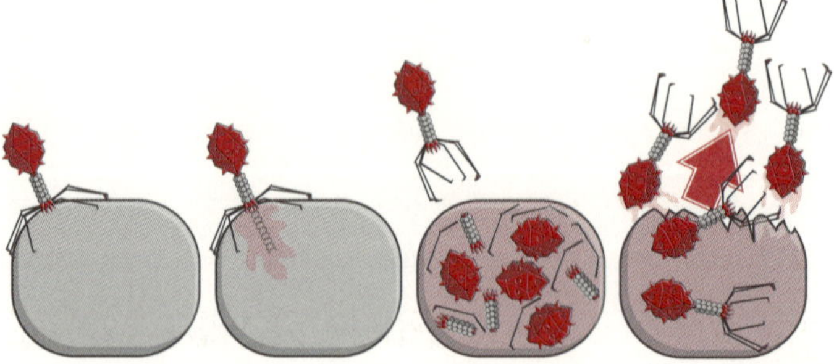

です。感染した人間は、それこそ数秒の間に四肢のひとつを切断しなくてはいけませんが、通常の人間はこのような行動をとりたがりません。

ウィルスが正常な血漿《けっしょう》を攻撃し分解することによって、人間の血液の凝固がはじまります。やがて血液凝固から発生する合併症が心臓に影響を与え、心拍数が上昇します。この血圧の上昇は凄まじく、鼓動中の心臓をうまく切り裂くことができればなんと30フィート（約10メートル）もの距離まで血液を噴出させることが可能です。

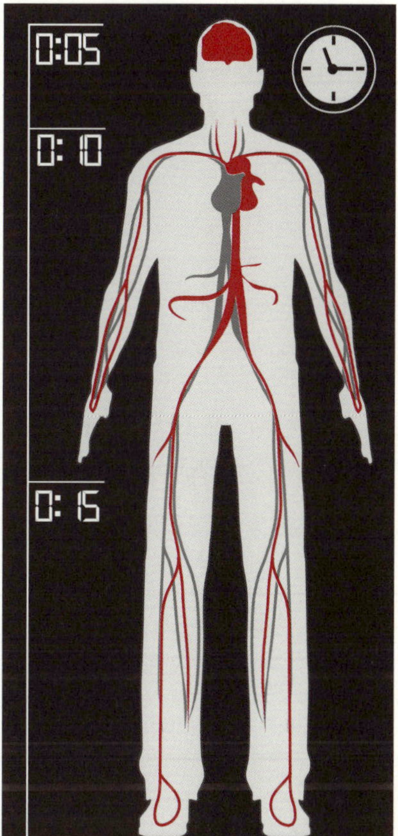

血液凝固は被感染者の筋肉にも作用し、一部死後硬直に似たような現象を起こしはじめます。その他の感染の初期症状に皮膚の変色、痛み、皮膚感覚の喪失なども含まれます。感染に対抗しようと皮膚は紫～茶などに変色します。この不快な感

覚の氾濫に対して神経組織も拒否反応を起こし、からだが引きつったり、口から侮蔑語・猥褻《わいざつ》語がたくさん放たれるのも珍しくありません。

[第二段階:高熱]

人間の免疫システムには感染の進行をとめる手立てがないので、やがて発症します。被感染者は寒気を訴えるにもかかわらず、体内温度はどんどん上昇し、華氏100〜106°F(摂氏40℃前後)の深刻な高熱へと発展します。体温は第四段階の麻痺の発症まで上昇し続けます。下の表を見れば、だいたいの進行が把握できると思います。

ゾンビ化過程に於ける体温の変化

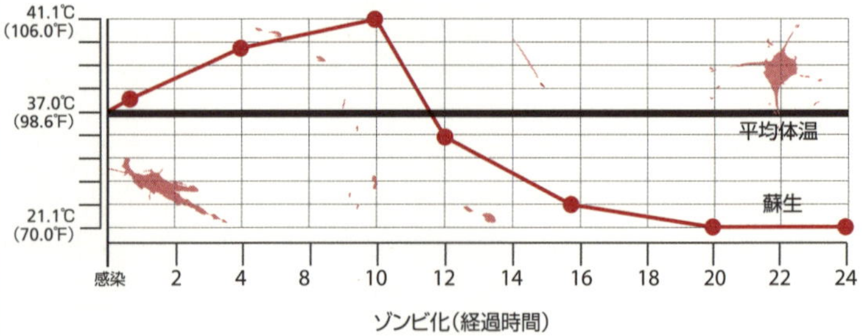

この間、心拍数の上昇は関節炎や痛みへとつながり、被感染者のからだは嘔吐によりウィルスの侵入に対抗しようとします。この段階の胃の消化液や未消化の内容物は、非常に感染力が強い可能性が高く、被感染者の吐瀉物は危険極まりない伝染媒介物です。

[第三段階:初期脳髄変異]

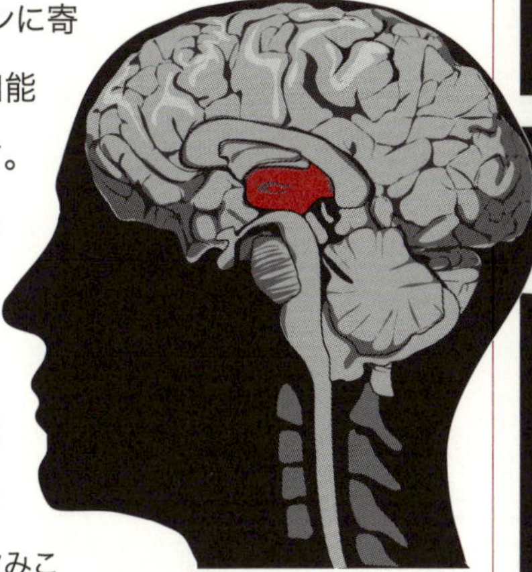

ウィルスが何十億ものニューロンに寄生を進めていくうち、宿主の認知能力は深刻なダメージを受けます。重度の脳炎は混乱と異常な行動を誘発します。変異できなかった細胞はこの段階で死滅するのが一般的です。幻覚や中程度の認知症が発症した後、言葉を喋れなくなり嚥下《えんげ》(喉で何かを飲みこむ動作)もできなくなります。被感染者の脳内の個別ニューロン系統での信号のやりとりが一部阻害されるため、運動神経が大きく減退し、やがてはからだの一部の麻痺が発生します。同時にウィルスは視床を変貌させることで痛覚機能を途絶させ、さらに側頭葉にも損傷を与えます。これらの「改築」が終われば、被感染者には基本的な運動能力しか残らず、環境に対する反応は原始的な本能に導かれるレベルに成り下がります。

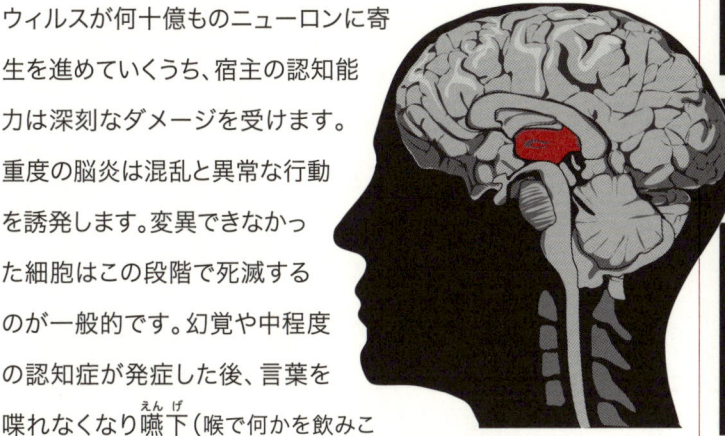

[第四段階:麻痺]

ゾンビ化の最終的変態が成功するには全身麻痺が必須です。運動能力を失っていないからだは肉体損傷を伴うような半自律的運動を繰り返す可能性があり、これが原因で死亡することもあります。この場合の死亡とは「死後の人生を歩む未来」が閉ざされるということを意味します。

第四段階は、ウィルスが心拍数を低下させることから生じるからだ全体の感覚不全からはじまります。まず下半身が麻痺し、さらに上半身も麻痺します。この段階で被感染者のからだの50%近くは伝染性を帯びた状態となっており、我々アンデッドにとって抗うことのできないほど大変魅力的な生肉フェロモンの放出が減少します（詳しくは50ページの「鼻」をご参照ください）。つまりこの段階になると、宿主の血肉はゾンビにとって役立たずになるだけにとどまらず、本能的に攻撃したくならなくなるのです。これはとても重要な特徴で、これがないと被感染者はゾンビの完結・蘇生以前の段階で攻撃されて殺されてしまいます。

[第五段階:昏睡]

この段階までくるとからだの全機能が停止したかのように見えますが、実はウィルスが宿主全身の細胞壁にあるナノチューブ（微細な筒状の伝達器官）を改造しているのです。全細胞が感染し変貌が終了すれば、化学物質を細胞から細胞へと運ぶようになり、人間のからだの中の高度で複雑なシステムを回避した低レベルの細胞間伝達が可能となります。この細胞間伝達は以前に比べると遥かに速度は遅いですが、被感染者の神経システムが閉鎖されてしまうため必要になります。

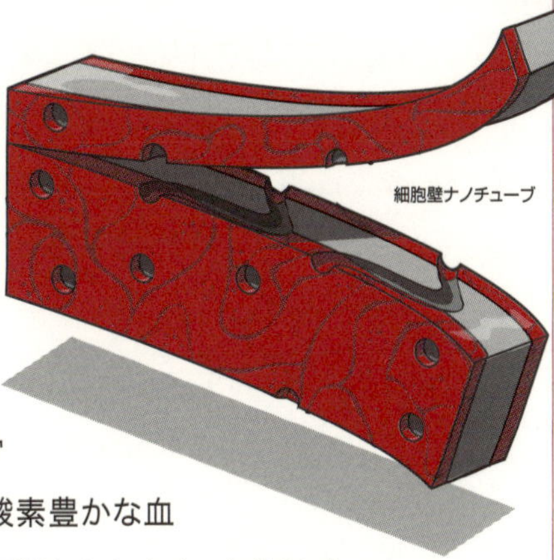
細胞壁ナノチューブ

ゾンビ的第2次成長期はまだまだ続きます。骨格筋も少々変貌を遂げ、酸素豊かな血液なくとも基礎的動作が可能となります。今後は感染時に筋肉内に残っていた血液を活用しますが、この血液はやがて、未感染の血肉によって補填される必要があります。

[第六段階:心筋梗塞]

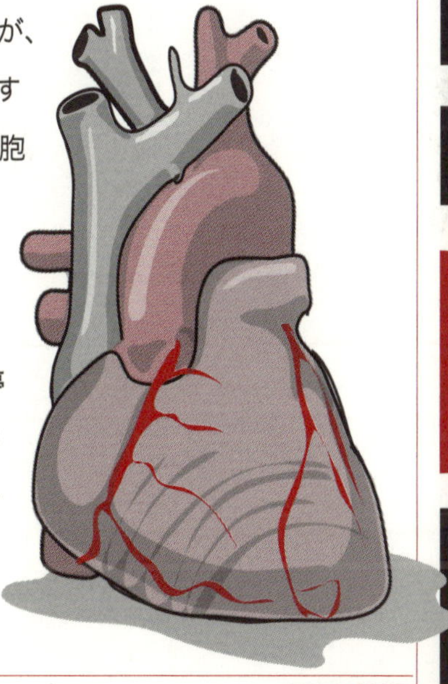

ゾンビ化で欠くことができないのが、生体エネルギーを無駄に消費する身体機能の完全停止です。細胞の変貌がすべて終了した段階で、ウィルスは心臓をとめます。これで被感染者もあなたと同じ心拍数0《フラットライナー》となりました! 心臓が停止することで脳活動も一気に停止し、記憶などすべて吹き飛んでしまうのです。

[第七段階:蘇生]

新たな同志に「ゾンビ化成就、おめでとうございます」と声をかけてあげる用意をしましょう。やがて被感染者のからだに死後硬直の逆の現象が発生し、最終変貌を終えた段階で麻痺束縛から解放されます。この蘇生現象はウィルスの種類によって異なりますが、数分から数時間で終了します。体温は華氏70°F(摂氏21°C)前後で安定し、感染済みの脳からは微力な脳波が検出できるようになります。

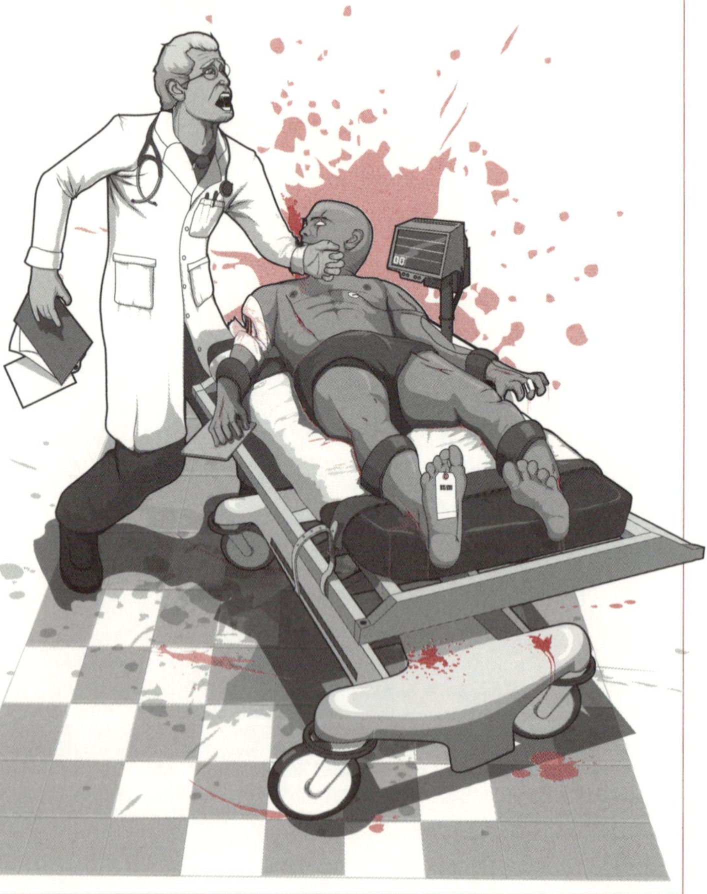

新生ゾンビは反射機能に触発され、細やかな身体運動を起こしはじめます。やがて起き上がり、自らにさまざまな身体的精神的変化が発生したことや、これまで未体験の新たな身体能力がそなわったことを自覚します。新米ゾンビは無意識に飢えを感じますが、これは腹からの信号として処理されるのではなく、直接脳から発せられます。ウィルスが宿主に対して新鮮な人肉が必要であることを伝えているのです。しかも今すぐ!! これをもって100%感染が終了し、かなりワルなゾンビが一丁あがりです。

全世界感染シミュレーション

現時点で地球を放浪している脳味噌グルメならば、誰でも生者の世界をゾンビ疫病で完全に感染させる可能性《ポテンシャル》を秘めています。どんな急激感染拡大《アウトブレイク》も最初はひとりのゾンビからはじまるのです。もしかして、あなたこそそのゾンビかもしれません! 巨大疫病の感染者第1号になりたいのであれば、小匙1杯分の伝染性血液を搾り出して人口密度の高い地域で30日ほど立ち回らなくてはいけません。至上命題は、可能な限りブリーザーの数を減らしつつ感染者軍団を増やすことです。

世界的伝染がどのようなかたちで進むかをわかりやすくするため、160日間でもっとも理想的な条件で感染が蔓延していくさまをシミュレーションしてみました。これを見れば、感染媒介者としてのあなたの真の潜在能力をはっきり理解して頂けるでしょう。しかし、実際の感染拡大は人口密度、地理、人類の防衛策の有効性などに左右されます。企てた計画も計画どおりに進まないのがゾンビの世の常ですから、想定外の出来事にそなえましょう。

[8日経過]

誰かが感染しました! もしかしてあなたのおかげで、人間数名をうまくゾンビ化できたのかもしれません。我々にとってありがたいことに、新たな感染者に対して人間は誤診を下すことが多く、予防的殺処分が行われません。このため、蘇ったゾンビ5体のうち3体は最初の48時間は無事で、ゾンビ感染の58%は少なくとも8日間継続します。

一度蘇生し、解き放たれた我々の仲間は、瞬く間に人間社会の日常を壊します。ここで大事なのは意欲的に連携することです。そうしないとゾンビ蜂起は先細りしてしまいます。戦々恐々とした危機を生み出したいのであれば、最初の潜伏期間のうちに75人もの人間を感染させることをおすすめします。これは大変に聞こえるでしょうが、24時間のゾンビ化サイクルを持ってすれば、あっというまにたくさんの仲間に囲まれることでしょう。

[30日間経過]

もしゾンビ・パンデミックが30日経過しても続いているのであれば、これはひょっとして大成功へとつながるかもしれません。この時点でゾンビの数は数千体にまで膨れ上がったはずです。この大きさの群れともなれば大パニックを起こせるだけの威力を誇ります。生者

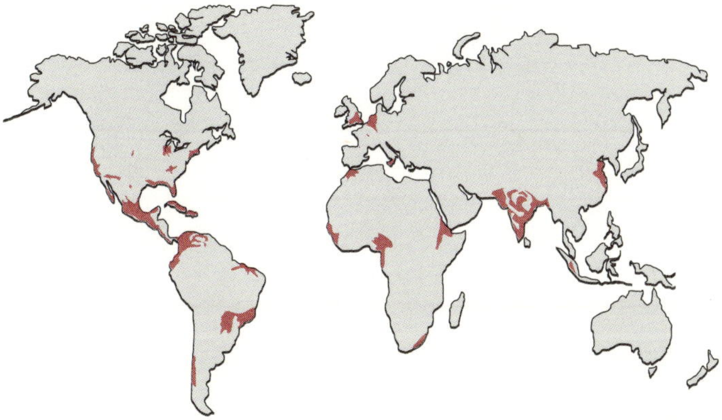

のレジスタンスは大慌てで、軍を動員して大きな都市部を隔離しようとするでしょう。人口密集地の中に人間が閉じこめられた状態になれば、あっという間に感染が広がります。

この段階で街や小さな国は崩壊するかもしれません。これは早ければ28日以内にも発生することがあります。さらに感染を押し進めるためには、隔離防衛線を突破する必要があります。前述した障害物やバリケードの突破術を踏まえて戦いに望んでください。

[160日経過]

もし疫病が160日間経っても続いているのであれば、人間の隔離・包囲網は明らかに失敗しているでしょう。全地球規模の爆発的感染《パンデミック》も手に届くところまできました。世界中で複数発生した感染蔓延地帯への対処で苦戦を強いられ、人間は疲弊し備蓄も大きく減少します。やがて比較的大きな国家も何十万という飢えた脳味噌喰いの前に押しつぶされるかもしれません。

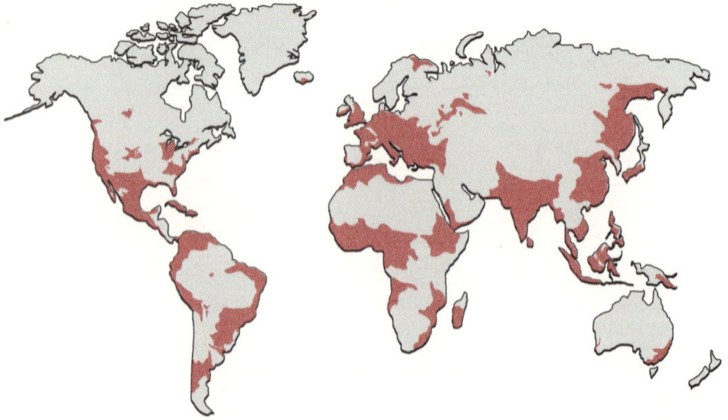

アンデッド軍団に対して革新的かつ効果的な武器がうまく導入されなければ、感染者の大群はこのままどんどん大きくなります。このような反撃を未然に防ぐためにも人類のハイテク設備に損害を与えることが急務となります(詳しくは103ページの「その他の人間のインフラ構造物」をご参照ください)。1年も経てば、人間文明の完全崩壊もあと少しというところまできているかもしれません。運が良ければ「死の影の谷を歩みながら禍《わざわい》を恐れぬ」身分になっているかもしれません。

さあ、カレンダーを西暦からゾンビ歴1年に変更しましょう!

動物感染(非奨励)

ゾンビウィルスの種類と被感染対象生物の生体的特徴の組み合わせ次第では、動物もゾンビ化します。次の動物はもっともゾンビ化が容易です。大型類人猿、熊、雄牛、猫、チンパンジー、ワニ、カラス、犬、ゾウ、ゴリラ、カバ、馬、コモドオオトカゲ、サル、豚、サイ、鮫、そして狼。なかなか立派なリストですね。さて問題は、これらの動物を死者の大群に組み入れるべきかどうかです。

慎重に検討しなくてはいけないのは、果たして動物を組みこむデメリットを上回るメリットがあるかどうかです。『ペット・セメタリー』に登場してきそうな凶悪なアンデッド・アニマルが付近を徘徊するのは、ゾンビにとっても歓迎できる話ではありません。よく考えてみましょう。感染した動物は我々に敏捷さと力で勝り、アンデッドはそんな動物相手に競争して人肉を確保しなくてはいけなくなります。この競争社会においては我々の方が明らかに負け組です！ さらに、わざと動物を感染させようとしてからだに重大な損傷を負う可能性があります。またゾンビ化した動物は、ほぼすべて凶暴でコントロールが効きません。一部の動物はそもそもその大きさと腕力から、最初から避けた方が良いくらいです（詳しくは177ページの「困った時のまかない料理」をご参照ください）。

　現実的にいって、群れの助けになってくれる動物は極々一部です。この筆頭がゾンビの最愛の友、ゾンビ家庭犬です（ゾンビ狼男と混同しないよ

うに気をつけましょう）。しかしゾンビ化した犬も通常のゾンビと同じような問題を抱えています。腐敗を遅らせるためには定期的に未感染の生肉が必要です。またアンデッドに比べて身体への負荷が大きいため、ゾンビ犬は我々ほど死後余命期間が長くありません。

家畜化・人間生活に適応した動物をわざと感染させることは意外と困難です。ほとんどの捕獲された動物は、あなたの有害な肉片を食べ物として摂取することを嫌がります。ゾンビのからだはあまりおいしそうな臭いがしない上に、炭水化物・脂肪・タンパク質も欠如しています。感染した肉を食べる愚かな動物はそのまま死亡することが多く、ゾンビとして蘇りません。

しかし、動物も偶発的にゾンビウィルスに感染することがあります。我々のウンチや、活動が停止したゾンビの遺体を動物が好奇心から間近で嗅いだりした場合、伝染する可能性があります（逆に未感染の人間が感染した動物の遺体を嗅いだ場合も、感染の可能性があります）。また、動物がゾンビを攻撃しようとして感染することがありえます。だからといって伝染させるために動物を挑発するのは賢いとはいえません。

第9章
最期の時

chapter 9
IN THE END

よどんだ空気も変わりました——甘美な人肉の香りが露と消えたせいでしょうか。甲高い叫び声とサイレンがこだました街路も、今や風鳴りがたまに響くほかは、静まりきってしまいました。肉汁たっぷりの死体は無用の腐った亡骸に取って代わっています。どこを見ても崩壊と破滅しか目に入りません。隔離包囲網は破られなかったため、街に死が降臨しつつあります。喰われたのか疎開したのか、一時は溢れかえっていた脳味噌資源も今やほぼ枯渇し、からだを動かすのに必要な栄養源を確保するのも難しくなりました。

一時期は無敵と思えたあなたの群れも、ところどころ脆弱さを露《あらわ》にしはじめています。飢えのために、身動きできなくなったアンデッドが出はじめました。場合によってはゾンビウィルスも突然変異して、今までゾンビにそなわっていた種族保全の安全装置を解除させてしまい、同士討ちを奨励するようになったかもしれません。暴力行為もエスカレートしてしまい、最初のうちは同輩同士の単なる威嚇程度だった噛みつきや引っ掻きも、やがては生きるか死ぬかのゾンビ間の殺し合いにまで発展してしまったのです。

これが終焉でしょうか？ 我々が欲してやまないゾンビ大疫病とはこんなものだったのでしょうか？ もしかしてあなたは自分のことを知らず知らずに死霊黙示録《アンデッド・アポカリプス》へ参加を余儀なくされた操り人形だったのではないかと疑いはじめていませんか？

最期の時が間近だと感じたあなた、この章を読み進めましょう。

絶対に諦めるな！

冗談ではありません。何があっても諦めてはいけないのです。魅惑的な灰色ゼリーは見つけにくくなったかもしれませんが、あなたによってすすられるのを待っている脳味噌はまだまだ確実に存在します。人類は脆弱に見えますが、これまでの歴史から立証されているように、驚くほど死滅しにくく粘り強いのです。どれほど圧倒的なゾンビ包囲殲滅戦が発生し壊滅しているように見えても、少数の人間集団はどこかに隠れ、死人に対する逆襲を企てているのです。

これらのブリーザーを見つけるためには少し遠出をした方が良いかもしれません。まずはなじみのない新たな狩場へと群れをユラユラと誘導しましょう。道中は人間以外の血肉を色々試し食いするなどして、少しでも死後余命の延長を試みてください（詳しくは177ページの「困った時のまかない料理」の項目をご参照ください）。這い回る気持ち悪い食材、たとえばミミズや虫なども食べてみましょう。

しかしどれだけ追いこまれていても、共喰いだけはやめましょう。何か個人的な怨恨を晴らすための歪んだ復讐を完遂するためならいざ知らず、アンデッドを食べることにはまったく意味がないどころか、逆効果です。感染済みの血肉はゾンビウィルスの養分になりませんし、体内に組み入れても邪魔になり、動きを鈍くさせるだけです。相性の悪いゾンビウィルス同士をかけあわせると、水ぶくれが発症するなど不快な副作用が発生するかもしれません。これら有害な液体の備蓄はあなたのゾンビ能力を阻害する可能性があります。たとえば目、耳、鼻、口などの表面がおできで覆われ、閉塞してしまうかもしれません。ですから仲間を食べるような行動を起こす前に、石の下から天井の裏まで食用に値する生物を執拗に探してください。美味極まりない人類レジスタンスはどこかに確実に生息し、ディナーとして喰われるのを待っているに違いありません。

18世紀末の偉死人
ベンジャミン・ゾンビ・フランクリン名語録

**「うまく成し遂げられた ~~行い~~ 黙示録は
うまく語られた ~~事柄~~ 黙示録を上回る」**

捕獲からの脱出

ゾンビ・アウトブレイクが終息へと向かった場合、あなたはもしかして狡猾な人間たちによって捕獲されてしまうかもしれません。自身が隔離されるなど、不愉快なことこの上ありませんが、首を切断されるよりは遥かにマシです。

しかし酸素消費者たちは善意からあなたの命をとるのを見逃しているわけではありません。ブリーザーは実験や拷問を行うためにゾンビを捕獲することが珍しくありません。あなたにとって両方ともうろたえるような事案ではまったくありません。痛感がありませんから。ただ、もしかしたらあなたを「処理」しようとしているのかもしれません。これにはうろたえるべきです。抹殺されちゃいますから。

あなたが人類に対してどれだけ脅威をはらんでいるか、人間は熟知しています。身の安全を守るために拘束具や独房のような隔離設備を使うでしょう。さて、群れから引き離されて捕らえられたゾンビはどうすれば良いのでしょうか。

[ステップ 1:拘束具をねじ切れ]

まず自らを拘束から解放しなければいけません。歯を使いましょう。革、プラスチック、縄などすべてかじり続ければちぎれます。もし拘束具が合金でできている場合は自分の四肢を噛みちぎるか、ひねりちぎる必要があるかもしれません。ここでやりすぎないように気をつけましょう。ちぎるのは束縛されている四肢だけで充分です。確かに四肢の欠損は痛手ですが、少なくともこれで自由に向かって歩み、または這い出ることが可能になります。

[ステップ2:守衛を倒せ]

次に自分のからだを武器にしてあなたを捕らえた輩を倒しましょう（詳しくは135ページの「全身ゾンビ武器術」の項目をご参照ください）。攻撃したくとも拘束され襲いかかることができない場合、射出嘔吐がもっとも効果的な攻撃手段ですが、ゾンビによってはなんらかの理由でリバースできないかもしれません。あなたの有毒な感染物質が相手に伝染するまでひたすら蹴ったり叫んだりしましょう。

[ステップ3:脱出]

これらの戦術が成功すれば、捕獲した連中はゾンビウィルスの初期症状を発症させているはずです。これによって複数、脱出する手立てが浮上します。

相手が弱って幻覚症状に悩まされている間に逃げ出すことができますが、あなたにはさまざまな障害物が立ち塞がっているかもしれません(詳しくは104ページの「あなたを待ち受ける障害物」の項目をご参照ください)。

ウィルスが相手を麻痺させるのを待って喰らいつき、英気を養った状態で脱出を試みるのもひとつの選択肢です。

場合によってはあなたを捕らえた連中が仲間となって蘇るのを待つのが最良の選択かもしれません。もし彼らのゾンビ化が成功すれば重要な援軍になるかもしれないのです。これまでの現場からの報告によれば、新たに蘇りゾンビになったモノは生前の行為を繰り返すことが容易なので、檻や隔壁の開錠がうまくいく可能性が高いのです。新たな同志があなたを解き放ってくれるかもしれません。

ゾンビ自殺《サイド》

ゾンビサイド

ゾンビが人肉の確保を目的とした行動途中以外において
意図的に自らが無力化されるような行動を行うこと。

非常事態ともあれば非情な行動に打って出る必要があります。選択肢がほかに何もない場合、アンデッドの中にはゆっくりとした腐敗の末に待つ死を望まぬモノもいるかもしれません。ゾンビ自殺《サイド》はけっしてすすめませんが、それをとめるいわれもありません。ゾンビは人間界で多くの危機に直面し、やがて力尽きることが容易に想像できます。しかし生者にトドメを刺してもらえない場合はどうしたものでしょうか。自分でできる自殺的行動の中でも、もっとも抜きん出ている方法がふたつあります。このふたつの方法についてはご参照いただくとして、どうかあなたには思い留まってもらいたく願います。あなたの先にはまだまだ輝かしい死後の余生が待っているのですから!

[焼身自殺]

大規模なゾンビ蜂起が起きた後には手つかずで燃え盛る火災が何箇所も発生しているはずです。もしあなたが面倒臭がり屋のゾンビで、腐敗の末期症状に苦しめられているのでしたら、ゆらめく炎の

中へと歩み寄ってください。瞬く間に炎があなたの骨と皮を焦がし、そのまま地上での最後の数分を過ごすことになるはずです。

［投身落下］

高度を重ねるのは、死との距離をせばめるのと同義です！ 手軽に自分の脳を破壊したいのならば、橋、立体駐車場、高層ビルなどから飛び降りてください。この時、必ず3階以上の高さまで登ってから実行してください。そうしないと投身自殺のはずが単なるからだの変形だけになってしまいます。

　もうひとつ重要な注意事項があります——ほかのゾンビがあなたのあとを追うかもしれません。ゾンビは俗にいうレミング的集団行動を起こすことがありますので、あなた個人のゾンビサイドがそのままゾンビジェノサイドにつながるかもしれません。群れの仲間たちを巻きこみたくないのであれば、ほかのゾンビが見ていないのを見計らってから投身自殺を試みてください。

ゾンビ規範

APPENDIX
THE ZOMBIE CODE

西暦1世紀初期、ゾンビ蜂起は数々の挫折に苦しめられていました。指針やそれぞれの責任の所在が明確になっていなかったことも手伝って、統制のとれていない我が祖先の数々の集団凶行は失敗に終わりました。しかしやがて簡単なアンデッド協定が生み出され、現在の「ゾンビ規範」になりました。この規範はゾンビがとるべき具体的な行動を定めています。

残念ながら多くの新参モノはこの盟約の内容を知らないので、公共的な啓蒙活動の一環としてこれを提示します。

I.　ゾンビは人間を対象とした狩猟、戦闘、採食をすべし。

II.　確保された新鮮な糧秣《りょうまつ》は
その場に居合わせたゾンビの間で、その確保への
貢献の度合いの有無に関わらず、分かちあうべし。

III.　どれだけ分が悪かろうが、ゾンビは遭遇した人間に
戦いを挑むべし。戦わぬゾンビは卑怯モノとして

斬首の刑に処す。

IV.　燃焼中のゾンビはほかのゾンビは避けつつ、
必ず人間に向かって走るべし。

V.　ほかのゾンビを守るために
自ら一撃を受けることはけっして許されない。
このような慈愛の精神を見せたゾンビは斬首の刑に処す。

VI.　いかなる事情があっても
ゾンビは眠ったり休んだりしてはならぬ。

VII.　戦いの渦中で四肢のいずれかを失ったゾンビには、
代償として脳半分を優先的に分け与えるべし。

VIII.　ゾンビはけっして喋ったり、
言葉と認識できるような音を発する試みをしてはならぬ。
もしゾンビがそれを試みた場合は、
そのモノの緑色の舌を切り取るべし。

IX.　ゾンビは皆、ゾンビ間暴力を行う権利を有する。

X.　ゾンビは人間社会の完全な破滅をもたらし、
生者の世界を不死の王国へと

作り変えるべく努力を怠ってはならぬ。

**XI.　ゾンビはけっして人の法に従ってはならぬ。
従ったモノは斬首の刑に処す。**

これらの条項を確認した後、次の宣誓文を不明瞭な呻き声で読み上げなければならない。

わたしは生者・ロボットを問わずすべての外敵に対してゾンビ規範を支持し守るのを厳粛に誓います。さらにゾンビ黙示録を完全に信仰し忠誠を誓い、アンデッドの戦士としてこれら呪い課せられた役務を遂行します。私はこの義務を自分の自由意志に反して受け入れます。

自らの義務を支持・遂行することに対して不可解な宣誓をすることで、はじめてあなたは死者の大群の一員として迎え入れられます。この宣誓をもってあなたのからだはゾンビ闘争のモノとなりました。この闘争の中でのあなたの責任範囲はそれほど広くありませんが、役目は重要です。この責務から解き放たれたい場合は、斬首の刑がいつでも執行されます。

結
生者への
メッセージ

FINAL
A MESSAGE FOR THE LIVING

ほう、どうやらこの本が生者の手に落ちた模様ですね。大方あなたは、脳喰らいの秘密を暴けたと思い、有頂天になっているのでしょう。そうは問屋が卸しません。この本はゾンビウィルスに覆われているのです。指から鼻、または指から口への伝染により、あなたもゾンビ化の道を歩みはじめたのです。今この瞬間、あなたのからだの中にゾンビウィルスは潜伏しているのです。すぐに発症します。

治療方法はありません。アンデッド・アーミーへようこそ。この本を入手し読んだことで、あなたは残った人類を完全に消し去るために必要な情報を既に学習しました。ゾンビ史に名を残す壮大な戦いで、我が徒党に加わっていただけたことに感謝の意を表します。

著書

ジョン・オースティン

ウィスコンシン州在住。
玩具デザイナーとして働いた
経験を持つ。本書の他に
『MINI WEAPONS OF MASS DESTRUCTION』
等の著書がある。

訳者

兼光ダニエル真

1972年生まれ、東京出身の翻訳家。
マンガ・アニメなどの翻訳を多数手がける。
新劇場版ヱヴァのほか、『ブラックラグーン』の
制作にも参加している。

ゾンビの作法
もしもゾンビになったら

2011年9月19日 第1刷発行
2021年5月25日 第5刷発行

著者　**ジョン・オースティン**

訳者　**兼光ダニエル真**

発行人　**岡聡**

発行　**株式会社太田出版**
〒160-8571
東京都新宿区愛住町22 第3山田ビル4F
TEL:03-3359-6262
FAX:03-3359-0040
ホームページ http://www.ohtabooks.com

装丁　**木庭貴信＋角倉織音（OCTAVE）**

印刷・製本　**中央精版印刷株式会社**

ISBN 978-4-7783-1270-1 C0095